"十四五"时期国家重点出版物出版专项规划项目

2023年国家社会科学基金冷门绝学研究专项项目
"印度国家博物馆藏吐鲁番石窟寺壁画溯源与数字化复原"
(23VJXG063)子课题阶段性成果

国家出版基金项目

丝绸之路
考古史丛书
王冀青 主编

王冀青 著

华尔纳与中国文物

读者出版传媒股份有限公司
甘肃教育出版社

图书在版编目（ＣＩＰ）数据

华尔纳与中国文物 / 王冀青著. -- 兰州：甘肃教育出版社，2024.12
（丝绸之路考古史丛书 / 王冀青主编）
ISBN 978-7-5423-5761-8

Ⅰ．①华… Ⅱ．①王… Ⅲ．①丝绸之路－历史文物－考古－研究 Ⅳ．①K870.2

中国国家版本馆CIP数据核字（2023）第231647号

华尔纳与中国文物
HUAERNA YU ZHONGGUO WENWU

王冀青　著

策　　划　　薛英昭　孙宝岩
项目负责　　刘正东
责任编辑　　董宏强
封面设计　　今亮后声

出　版　甘肃教育出版社
社　址　兰州市读者大道568号　730030
电　话　0931-8436489（编辑部）　0931-8773056（发行部）
传　真　0931-8435009

发　行　甘肃教育出版社　印　刷　山东新华印务有限公司
开　本　880毫米×1230毫米　1/32　印张　11.5　插页　6　字数　190千
版　次　2024年12月第1版
印　次　2024年12月第1次印刷
书　号　ISBN 978-7-5423-5761-8　定　价　78.00元

图书若有破损、缺页可随时与印厂联系：0531-82079130
本书所有内容经作者同意授权，并许可使用
未经同意，不得以任何形式复制转载

前言

追踪美国收藏的敦煌艺术品

王冀青

我于1978—1982年在兰州大学历史系读本科期间,学习"敦煌学",已开始研究英国探险家奥莱尔·斯坦因(Aurel Stein)、法国探险家保罗·伯希和(Paul Pelliot)、瑞典探险家斯文·赫定(Sven Hedin)等"大"探险家,因为他们从我国新疆、敦煌等地劫走了大批珍贵文物。对于美国探险家兰登·华尔纳(Langdon Warner, 1881—1955)这类"小"探险家,虽然也知道他们以各种方式盗窃我国文物的行径,但还顾不上研究他们。有感于祖国文物近代大量流失海外的伤心史,我于1978年就发愿,愿以毕生时间调查敦煌、新疆文物的外流经过,愿以全部精力促使流失海外的敦煌、新疆文物尽早回归祖国。从1978年11月开始,我断断续续翻译了斯坦因、斯文·赫定的几部中亚考察游记有关章节,并将斯坦因列为我一生研究的首要对象。1982—1985年，我在兰大历史系读研究生期间，开始对华尔纳感兴趣。

华尔纳是20世纪前半期美国最具代表性的中亚探险家，曾两次代表美国哈佛大学福格艺术博物馆，率队远赴中国敦煌等地进行考察。华尔纳领导的第一次敦煌考察于1923—1924年进行，主要考察游记为1926年出版的《在中国漫长的古道上》[①]一书。华尔纳领导的第二次敦煌考察于1925年进行，主要考察成果为1938年出版的《佛教壁画：万佛峡一个九世纪洞窟的研究》[②]一书。华尔纳的这两本书，可算是近代中国西北探险史或敦煌学史上的知名著作，向来为研究美国敦煌学史或美国藏敦煌文物的学者所重视。通过这两本书，人们知道，华尔纳在所有外国探险家中是后来者，但他用化学胶水剥离十余方莫高窟壁画，又搬走一尊莫高窟彩塑，以这样恶劣的方式盗窃敦煌文物，给中国人的心灵造成了极大的伤害。我于1985年留兰大敦煌学研究室任教后，重点研究国际敦煌学史，开始关注华尔纳和美国人在中国西北的探险史。

[①] Langdon Warner, *The Long Old Road in China*, Garden City, New York: Doubleday, Page & Company, 1926.

[②] Langdon Warner, *Buddhist Wall-Paintings: a Study of a Ninth-Century Grotto at Wan Fo Hsia*, Cambridge, Massachusetts: Harvard University Press, 1938.

前　言　追踪美国收藏的敦煌艺术品　｜　003

我开始研究华尔纳，因为一个偶然的机会。1986年，中国科学院兰州分院化学物理研究所的一批研究生出面，来兰大邀请我为他们的美国籍英语外教苏珊·伊丽莎白·莫洛索斯基（Susan Elizabeth Mrozowski）讲授中国历史和中亚史。我给莫洛索斯基上了一年的课，也建立了联系。莫洛索斯基于1987年返回美国前夕问我，她是否能在美国为我做些什么事情。我回答说：她若能帮我在全美各公私博物馆、图书馆、美术馆等机构调查一下所藏的敦煌、中亚文物，并将调查结果寄给我，由我在中国进行研究，整理成文发表，那我将感激不尽。她回国后，首先要求我给她写一封委托信，信中说明由她代表我，前往美国各收藏机构进行调查。1988—1989年，莫洛索斯基任职于华盛顿市史密森学会（Smithsonian Institution）新建的赛克勒亚洲艺术博物馆（Sackler Gallery of Asian Art）。在这段时间里，她利用便利的工作条件，为我们的这项课题寻访到部分资料，并陆续寄给我，由我在兰大进行研究。就这样，我身处中国西北的兰州，却离美国的华尔纳越来越近。

1988年10月，我以"美国收藏的敦煌艺术品"为题，向兰大科研处提交了科研项目申请。本项目主要研究华尔纳的两次敦煌考察，及其带回美国的敦煌艺术品，计划最终出版一部12万字的同名专著。专著定由兰大出版社出版，兰大出版社还为此于10月31日出具了该书已列入出版计划的证明。我与兰大科研处于12月初签订"兰州大学哲学社会科学研究校内合同",兰大校办于12月6日下达红头文件"关于1988年度校内文科青年科研基金获准项目拨款的通知",批准了我的项目。项目合同期为两年,自1988年7月至1990年6月。当时的兰大,科研经费匮乏,文科的项目经费更少。由兰大校长基金拨付给我的项目经费,只有600元。按照合同,项目的承担单位是兰大历史系,协作单位是美国赛克勒亚洲艺术博物馆,由我和莫洛索斯基合作完成。我得到这点科研经费后,兴高采烈地投入到研究中,对莫洛索斯基寄来的资料进行翻译和整理。

"美国收藏的敦煌艺术品"项目实施后不久,我又面临一项赴英国参加"英藏敦煌文献"项目的任务。1987年,总部设在美国纽约市的北美亚洲基督教高等教育联合董事会(United Board for Christian Higher Education in Asia,简称"联董会")决定资助兰大敦煌学研究室15万美元,主要用于三方面的工作:(1)派员赴海外研究敦煌文物;(2)赞助出版敦煌学的著作和刊物;(3)购买敦煌学方面的外文书籍。1988年,兰大敦煌室决定利用这笔款项,派我赴伦敦的英国国家图书馆(British Library),参加中、英两国合作的"英藏敦煌文献"项目。

兰大敦煌室得到联董会的第一笔资助款后,齐陈骏主任于1988年与甘肃教育出版社签订合同,计划出版兰大敦煌室的第一套"敦煌学"丛书。这套丛书包括5本书：第1本是齐陈骏著《河西史研究》，第2本是杜斗城著《敦煌本佛说十王经校录研究》，第3本是郑炳林著《敦煌地理文书汇辑校注》，第4本是马歇尔著、王冀青译《犍陀罗佛教艺术》，第5本是陆庆夫、郭锋、王冀青合著《中外著名敦煌学家评传》。当时，前4本书已有现成书稿，只是第5本书还没有开写。第5本书实际上是为陆庆夫先生设计的一本书，他为了尽快写出这本书，将全书分三卷，选定20名敦煌学家，由三人分写。其中，第1卷"中国的敦煌学家"，由陆庆夫撰写罗振玉等8名敦煌学家；第2卷"日本的敦煌学家"，由郭锋撰写内藤湖南等5名日本敦煌学家；第3卷"欧美各国的敦煌学家"，由我撰写斯坦因等7名敦煌学家。我主撰的第3卷中，选定的唯一美国人便是华尔纳。

为了给拙译《犍陀罗佛教艺术》翻拍152幅图版照片，我于1988年5—6月赴北京图书馆（今中国国家图书馆）等机构查阅资料。我赴京还有一个目的，就是为撰写《中外著名敦煌学家评传》搜集研究资料，包括有关华尔纳等欧美敦煌学家的资料。此外，由于我即将赴英国从事研究，我还要搜集一些与英藏敦煌文物调查有关的资料。关于华尔纳的英文资料，当时我国人只能看到美国学者西奥多·波威（Theodore Bowie）于1966年出版的《通过信件看到的兰登·华尔纳》一书（以下简称为《华尔纳》）[①]。我于5月25日第一次在北图查资料时，便借出《华尔纳》一书。我在当日日记中记录说："10时左右，去图书馆。先查目录，后借书。借出 Langdon Warner through His Letters（《信件中反映的兰登·华尔纳》）和 Macartney at Kashgar（《马继业在喀什噶尔》）两本书。"借出书后，就拿到图书馆的复印点复印。此外，华尔纳本人的著作也在我的搜寻范围之内，但只找到《佛教壁画》(《万佛峡》)一书。我于5月30日在日记中记录说："中午，在北图借《语石》《马继业在喀什噶尔》、华尔纳《万佛峡》这3本书。"我这次在北京查阅、复印了有关华尔纳的大部分资料，心满意足，于6月11日乘火车返回兰州。

我去英国参加"英藏敦煌文献"项目的形式，是给正在英国主持此项目的中国敦煌吐鲁番学会副会长兼秘书长宁可先生当助手。我赴英前夕，于1988年12月19日给在伦敦的宁先生写信，汇报我的科研工作。我在信中说："我对英国收藏的中亚文物（主要是敦煌、吐鲁番文书）非常感兴趣。……英国部分的初稿完成后，我现在正撰写美国部分。这一部分，由我的学生、现在美国赛克勒亚洲艺术博物馆工

[①] Theodore Bowie (Ed.), *Langdon Warner through His Letters*, Bloomington / London: Indiana University Press, 1966, pp. xii + 225.

作的 Susan Mrozowski 协助。她利用便利的条件，已经调查出美国收藏的敦煌壁画、绢画、泥塑、写本以及克孜尔壁画残片等近百件（有的仍在库房），大大超过了现在国际敦煌吐鲁番学界已掌握的数字。因此，这一研究将会是有成果的。我的这一课题，目前已得到兰州大学科研基金资助，计划写出文字部分约10万字。"就在我写这封信的同日，英国国家图书馆的东方收藏品部（Oriental Collections）于12月19日给我发来了正式邀请函。

我于1989年初起程前往北京，办理签证等出国手续后，远赴英国。行前，我将《犍陀罗佛教艺术》中译本手稿交给齐陈骏老师，由他安排出版。我到伦敦后，主要工作是在英国国家图书馆等机构整理、研究敦煌文物，次要工作是在大英博物院（British Museum）研究斯坦因中亚考古档案。在"英藏敦煌文献"项目主管、伦敦大学（University of London）东方与非洲研究学院（School of Oriental and African Studies, SOAS, 又译"东方学院""亚非学院"）中文系讲师萨拉·艾兰（Sarah Allen）的帮助下，我办理了东方学院图书馆的借书证，得以在馆中自由看书、借书。由于我在国内承担了《中外著名敦煌学家评传》的撰写任务，还有"美国收藏的敦煌艺术品"的项目在身，于是在英国的写作题目杂乱，但最终还是写完了华尔纳的小传。我写完华尔纳传后，将文稿寄回国内，由陆庆夫编入《中外著名敦煌学家评传》中,该书于1989年12月出版①。

我于1989年在英国从事研究期间,国内学术环境发生了变化,中、美之间的学术交流完全中断。莫洛索斯基于当年底转往美国西雅图华盛顿大学研究生院攻读学位,我们也不得不中断在美国调查中国文物的活动。我于1989年底回国返校后,"美国收藏的敦煌艺术品"项目只剩下中断一条路。不过,我还是以我和莫洛索斯基两人的名义,撰成《美国收藏的敦煌与中亚艺术品》一文,发表于《敦煌学辑刊》1990年第1期上②。在这篇文章的前面,以"编者按"的形式,交代了文章的来历:"1986年至1987年,美国历史学者苏珊·伊丽莎白·莫洛索斯基(Ms. Susan Elizabeth Mrozowski)随兰州大学敦煌学研究室王冀青学习中亚美术史,并拟以调查研究美国各公私博物馆、图书馆、美术馆典藏的中亚文物为合作课题。1988年至1989年,莫洛索斯基任职于华盛顿市史密森学会新建的赛克勒亚洲艺术博物馆(The Sackler Gallery of Asian Art, Smithsonian Instisution),利用便利的工作条件,为这项课题寻访到部

---

① 王冀青《兰登·华尔纳(1881—1955年)》,陆庆夫、郭锋、王冀青《中外著名敦煌学家评传》,第3卷(王冀青执笔),兰州:甘肃教育出版社,1989年12月,第262—275页。
② 王冀青、莫洛斯斯基《美国收藏的敦煌与中亚艺术品》,《敦煌学辑刊》1990年第1期,第116—128页。

分有关资料,由王冀青撰写成该文。莫洛索斯基于1989年底转往美国西雅图华盛顿大学研究生院攻读学位。"这篇文章,也算是兰大项目"美国收藏的敦煌艺术品"的结项成果。鉴于拙文现很难找到,我把它列为本书的附录,以期二者相互补充。

自我于1989年底回国后,研究重点转移到了英藏斯坦因考古档案方面。但我还是在力所能及的情况下,搜寻有关华尔纳的资料。1990年,我获得国家教育委员会(教育部)、加拿大研究国际委员会的FEP项目(大学教师进修项目)奖学金,于次年春赴加拿大多伦多大学(University of Toronto)东亚图书馆等机构,重点研究北美汉学史。我本想乘机从多伦多去美国波士顿,探访一下美藏华尔纳档案,但因签证问题未果。1991—1992年,我又在日本学术振兴会招聘研究员奖学金资助下,赴东京财团法人东洋文库研究部(联合国教科文组织东亚文化研究中心)担任外国人研究员,主要研究欧美敦煌学史。我本想利用这次机会,追寻华尔纳在日本的足迹,也因种种原因没能实现。

1994年,英国国家图书馆东方部成立"国际敦煌学项目"(International Dunhuang Project,IDP,简称"项目")。"项目"成立后的第一个国际合作课题,是我和该馆中国部主任吴芳思博士(Dr. Frances Wood)合作申请的英国学术院王宽诚奖学金项目(British Academy K. C. Wong

Fellowship），题为"斯坦因第四次中亚考察档案研究"。1995年，我在英国学术院、牛津大学（Oxford University）包德利图书馆（Bodleian Library）、英国国家图书馆东方部等机构，全面整理、研究斯坦因中亚考察档案。斯坦因的第四次中亚考察，代表美国哈佛大学（Harvard University）福格艺术博物馆（Fogg Art Museum），由华尔纳等人牵线。所以我在这次赴英研究期间，能搜集到斯坦因第四次中亚考察前后与华尔纳之间的往来通信，主要是华尔纳写给斯坦因的信。

我于1995年底回国后，虽多次出国访问，但研究重点一直是斯坦因档案，也旁及中国西北考古史。20世纪90年代，兰大历史系的研究生必修《专业英语》一门课。按规定，这门课由导师讲授。但因大部分导师不谙英语，故这门课长期以来都由我代授，有时在课堂里一对一讲授。我利用这个机会，将一些中亚探险家的著作带到课堂上，指导学生翻译，希望以此种方法让他们对中亚考古史感兴趣。有些勤奋好学的研究生也利用这个机会，或将课堂讲义翻译成书出版，或根据讲义撰写成论文发表。如我给杜斗城先生的硕士生陈海涛上《专业英语》，课堂上指导他翻译德国中亚探险家阿尔伯特·冯·勒考克（Albert von Le Coq）的《中国新疆埋藏的宝藏》①一书。陈君勤奋，不久后即将全书翻译成中文，交由新疆人民出版社出版②。我还给齐陈骏老师的硕士生董念清上《专业英语》，课堂上指导他翻译波威的《通过信件看到的兰登·华尔纳》第6章，题为"第一次和第二次福格中国考察队"。随后，我指导董君写成《华尔纳与两次福格中国考察述论》一文，发表在《西北史地》1995年第4期上③。董君的这篇文章，后来成为国内一些学者了解华尔纳敦煌考察的主要依据。譬如刘进宝先生发表的《华尔纳及其敦煌考察团述论》一文，便是依据董君的文章写成的④。可惜的是，陈君后来从政，董君后来转学航空法，都没有继续研究中亚考古史。

当国内的西北考察史研究如火如荼之际，新疆人民出版社编辑出版了一套大规模的"西域探险考察大系"丛书，由宿白先生任总主编，荣新江先生任执行主编。这套"丛书"后来收录了华尔纳的《在中国漫长的古道上》中译本，由甘

---

① Albert von Le Coq, *Buried Treasures of Chinese Turkestan*, London: George Allen & Unwin Ltd., 1928.
② 阿尔伯特·冯·勒柯克著，陈海涛译《新疆的地下文化宝藏》，乌鲁木齐：新疆人民出版社，1999年。
③ 董念清《华尔纳与两次福格中国考察述论》，《西北史地》1995年第4期。
④ 刘进宝《华尔纳及其敦煌考察团述论》，《中国边疆史地研究》2000年第1期。

肃省档案馆姜洪源、魏宏举二位先生翻译。由于该中译本字数较少，出版社遂将华尔纳《佛教壁画》以及北京大学陈万里跟随第二次福格考察队旅行后写成的《西行日记》[①]当作两个附录，缀于书后。该中译本出版前夕，译者请荣先生写一篇序。荣先生谦虚，以自己不研究华尔纳为由，让译者和我联系，请我来写这篇序。我自知才疏学浅，名不见经传，实在没有给他人写序的资格，再三推托。但译者不断请求，我只好采取一种折冲方式，将过去10年间断断续续写成的《华尔纳传》草稿进行整理、压缩，形成一篇适合阅读的长文，然后交给荣先生审阅，以便他以批评拙文的方式，为中译本写一篇序文。

我于1999年5月缩写完的这篇长文，题为《华尔纳与中国文物》，有近10万字的长度。拙文对华尔纳其人其事尽可能全面地做了介绍，优点是利用了一部分牛津大学包德利图书馆藏华尔纳致斯坦因信。然后，我于9月7日将文稿寄给姜洪源先生和荣先生。最终，荣先生于2000年1月18日为中译本写了一篇非常好的序。荣先生为中译本写完序后，认为拙文连贯可读，弃之可惜，于是决定以《华尔纳与中国文物——〈在中国漫长的古道上〉、〈万佛峡：一个九世纪佛教壁画洞窟的研究〉和〈西行日记〉的背景解说》为正、

---

① 陈万里《西行日记》，北京：朴社，1926年。

副标题,列为中译本的附录三①。眼下由甘肃教育出版社出版的这本《华尔纳与中国文物》,便是在这篇长文的基础上完成的。

拙文此次再刊单行本时,我也做了一些修订。原来的24个小节,都加上了标题。注释中涉及牛津大学包德利图书馆藏斯坦因档案时,都加上了卷宗号码。我又找来近百幅相关照片,作为插图。遗憾的是,我自2000年以后搜集到的有关华尔纳新资料,特别是美藏华尔纳档案,没有收入这本书中。

2000年春,我应"国际敦煌学项目"的邀请,再赴英国研究斯坦因档案。行前,"项目"为了帮助我全面了解斯坦因第四次中亚考察研究资料,建议我从英国去美国哈佛大学访问一趟,为"项目"搜集美国藏斯坦因档案,包括斯坦因与华尔纳等一批美国人之间的往来通信,研究费用由"项目"承担。但因我当年在兰州大学有较重的教学、科研任务,又得参加几场与敦煌莫高窟藏经洞发现100周年有关的学术会议,感到时间紧张,只想在伦敦做研究。"项目"理解我的时间安排,于是提前设法将哈佛大学档案馆藏华尔纳

---

① 王冀青《华尔纳与中国文物——〈在中国漫长的古道上〉、〈佛教壁画:一个九世纪佛教壁画洞窟的研究〉和〈西行日记〉的背景解说》,(美)兰登·华尔纳著,姜洪源、魏宏举译《在中国漫长的古道上》,乌鲁木齐:新疆人民出版社,2001年7月,附录三,第291—435页。

档案全宗制作成缩微胶卷，寄到英国国家图书馆，供我研究。我在伦敦研究斯坦因档案后，也顺便根据缩微胶卷研究了华尔纳档案，并复制一份带回国内。

我在英国时，开始撰写一篇长篇论文，冗长的标题为《英国牛津大学和美国哈佛大学藏斯坦因与华尔纳往来通信研究》（简称《斯坦因与华尔纳》）。2000年7月，饶宗颐先生在香港大学主办"纪念藏经洞发现一百周年敦煌学国际学术研讨会"，邀请我赴会并宣读论文，我遂将上述《斯坦因与华尔纳》一文提交给会议。但赴会前夕，我考虑到这篇数万字的论文太长，不适合打印和宣读，于是临时更改了参会论文题目，换成我于1992年在日本东洋文库时完成的《"敦煌学"一词源流考辨》一文。而在香港会议主办方发布的会议日程中，我的参会论文仍标为《斯坦因与华尔纳》一文。《斯坦因与华尔纳》一文利用了斯坦因和华尔纳之间的全部往来通信，但至今尚未发表。我在即将出版的《斯坦因第四次中国考古档案研究》中，在计划出版的《华尔纳传》中，已将这批档案全部收入，希望能满足国际敦煌学界的好奇心。

我在2001年出版的《在中国漫长的古道上》附录三"华尔纳与中国文物"中已说明："我本人在10年前曾经写过一篇介绍华尔纳的小文，实际上那不过是为应酬而赶制出来的'急就章'，粗糙无比。此后10年间，我的主要兴趣在斯坦因中亚考察档案的研究方面，无暇顾及华尔纳研究。所以，我在这里也不可能提供多么高深的研究成果，只能将以前看到过的有关资料重新爬梳整理一下，也算是借机从资料方面对从前那篇拙文进行的修补吧。至于本文中提出的某些看法，只是代表我个人的观点，如果有错误，完全由我本人负责。"[1] 我现在出版的这本《华尔纳与中国文物》，其基础内容还是我于1999年5月写成的那篇长文。时间过去了25年，我因为手头的事情太多，竟无暇在单行本中补入新的档案资料，我必须向读者道歉！希望在不久的将来，我可以通过其他形式，将关于华尔纳的新资料奉献给读者。

2024年11月1日

于兰州大学一分部铁壁斋

---

[1] 王冀青《华尔纳与中国文物》，《在中国漫长的古道上》附录三，第293页。

目 录

前言：追踪美国收藏的敦煌艺术品
　　（王冀青）

001 ／ 一　华尔纳初涉中亚考古活动
016 ／ 二　华尔纳赴日本学习佛教美术
041 ／ 三　华尔纳筹建北京美国考古学院
057 ／ 四　从美国驻哈尔滨副领事转任宾夕法尼亚博
　　　　　物馆馆长
063 ／ 五　华尔纳入职哈佛大学福格艺术博物馆
078 ／ 六　第一次福格中国考察队的初期活动
098 ／ 七　华尔纳剥移敦煌壁画的理由
111 ／ 八　华尔纳剥移敦煌壁画的经过

121 / 九　华尔纳剥移敦煌壁画的数量

142 / 十　华尔纳盗窃金塔佛像案

151 / 十一　第二次福格中国考察队的组建

167 / 十二　凯乐向斯坦因介绍华尔纳

183 / 十三　第二次福格中国考察队在陇东的考古

193 / 十四　第二次福格中国考察队在敦煌的受阻

200 / 十五　中国政府抵制第二次福格中国考察队的经过

208 / 十六　第二次福格中国考察队的失败

217 / 十七　敦煌人民对华尔纳等人的警告

223 / 十八　华尔纳与哈佛－燕京学社的成立

234 / 十九　华尔纳与斯坦因的直接通信

249 / 二十　华尔纳拉拢斯坦因为哈佛大学效力的经过

264 / 二十一　华尔纳与伦敦中国艺术国际展览会

279 / 二十二　太平洋战争中的华尔纳

287 / 二十三　华尔纳保护日本文物的"神话"

297 / 二十四　关于华尔纳的评价问题

312 / 附　录　美国收藏的敦煌与中亚艺术品
（王冀青、莫洛索斯基）

图版目录

插图 1　老年华尔纳像 ………………………………………… 002
插图 2　"国际中亚考古学探险协会"美国委员夏德 ………… 005
插图 3　最早关注中亚考古的美国人彭普利 ………………… 006
插图 4　卡耐基像 ……………………………………………… 007
插图 5　华尔纳拜见的基瓦汗国汗王穆哈默德·拉金汗二世 ……… 010
插图 6　著者在基瓦汗国故都基瓦城追踪华尔纳足迹 ………… 011
插图 7　彭普利主编的卡奈基学会中亚考察队报告书扉页 …… 013
插图 8　华尔纳撰写的第一篇考古学文章标题 ………………… 014
插图 9　第26任美国总统西奥多·罗斯福 ……………………… 018
插图 10　第21任哈佛大学校长爱略特 …………………………… 019
插图 11　波士顿美术博物馆 ……………………………………… 020
插图 12　华尔纳的师爷、美国东方美术史学科奠基人费诺罗萨 … 022
插图 13　华尔纳的老师、费诺罗萨的日本弟子冈仓觉三 ……… 023
插图 14　著者在日本奈良法隆寺追寻华尔纳的足迹 …………… 025
插图 15　第一、三次德国吐鲁番考察队队长格伦威德尔 ……… 027
插图 16　第二、四次德国吐鲁番考察队队长勒考克 …………… 028
插图 17　瑞典探险家斯文·赫定 ………………………………… 029
插图 18　法国探险家伯希和 ……………………………………… 030
插图 19　芬兰探险家曼纳林 ……………………………………… 031

插图 20	英国探险家斯坦因	032
插图 21	日本探险家橘瑞超	033
插图 22	1910年的龙门石窟奉先寺正面	038
插图 23	美国"机车大王"弗利尔	043
插图 24	英藏敦煌美术品管理员宾雍	046
插图 25	法国汉学家沙畹	047
插图 26	柏林人种学博物馆	048
插图 27	哈拉浩特遗址的发现者克兹洛夫	050
插图 28	1913年9月在北京接见华尔纳夫妇的中华民国大总统袁世凯	052
插图 29	在北京担任武官期间的伯希和	059
插图 30	美国中亚探险家安助斯	064
插图 31	美国"铝业大王"霍尔	066
插图 32	燕京大学校长司徒雷登	069
插图 33	哈佛大学福格艺术博物馆	070
插图 34	福格艺术博物馆的艺术品捐赠者福格	071
插图 35	福格艺术博物馆馆长佛比斯	073
插图 36	福格艺术博物馆副馆长盛克斯为学生授课	074
插图 37	佛比斯（前）和盛克斯（后）	075
插图 38	吴佩孚是当时美国人眼中的中国政治强人	080
插图 39	华尔纳考察队拍摄的王母宫石窟象洞中心柱一角细节	082
插图 40	华尔纳考察队拍摄的王母宫石窟象洞中心柱西北角	083
插图 41	华尔纳考察队盗劫的象洞石雕之一	086
插图 42	华尔纳考察队盗劫的象洞石雕之二	087
插图 43	华尔纳考察队盗劫的象洞石雕之三	088
插图 44	华尔纳考察队盗劫的象洞石雕之四	089

| 图版目录 | 005

插图 45　华尔纳考察队盗劫的象洞石雕之五 ············090
插图 46　华尔纳考察队盗劫的象洞石雕之六 ············091
插图 47　华尔纳考察队盗劫的象洞石雕之七 ············092
插图 48　华尔纳考察队盗劫的象洞石雕之八 ············093
插图 49　在哈拉浩特遗址进行挖掘的华尔纳 ············100
插图 50　莫高窟的守窟道士王圆禄 ·····················102
插图 51　燕京大学教授洪业 ····························112
插图 52　华尔纳雇民工从莫高窟 328 窟搬走一尊彩塑供养
　　　　菩萨像 ··118
插图 53　华尔纳所劫莫高窟 328 窟彩塑供养菩萨像，6 个不同
　　　　的角度，现藏哈佛大学艺术博物馆，1924.70 号······126
插图 54　华尔纳剥移的莫高窟 329 窟壁画，现藏哈佛大学艺
　　　　术博物馆，1924.40.1 号 ························129
插图 55　华尔纳剥移的莫高窟 323 窟壁画，现藏哈佛大学艺
　　　　术博物馆，1924.41 号 ···························130
插图 56　华尔纳剥移的莫高窟 320 窟壁画，现藏哈佛大学艺
　　　　术博物馆，1924.44 号 ···························131
插图 57　华尔纳剥移的莫高窟 329 窟壁画，现藏哈佛大学艺
　　　　术博物馆，1924.42 号 ···························132
插图 58　华尔纳剥移的莫高窟 335 窟壁画，现藏哈佛大学艺
　　　　术博物馆，1924.47 号 ···························133
插图 59　华尔纳剥移的莫高窟 335 窟壁画，现藏哈佛大学艺
　　　　术博物馆，1924.46 号 ···························134
插图 60　华尔纳剥移的莫高窟 321 窟壁画，现藏哈佛大学艺
　　　　术博物馆，1924.161 号 ··························135
插图 61　华尔纳剥移的莫高窟 321 窟壁画，现藏哈佛大学艺

	术博物馆，1924.47.A 号 ·································	136
插图 62	华尔纳剥移的莫高窟 320 窟壁画，现藏哈佛大学艺术博物馆，1924.43 号 ·································	137
插图 63	华尔纳剥移的莫高窟 323 窟壁画，现藏哈佛大学艺术博物馆，1924.40 号 ·································	138
插图 64	华尔纳剥移的莫高窟 323 窟壁画（下）及其原来位置（上） ·································	139
插图 65	常驻中国的美国文物贩子福开森 ················	155
插图 66	北京大学代理校长蒋梦麟 ······························	157
插图 67	北京大学教授沈兼士 ······································	158
插图 68	北京大学教授马衡 ··	159
插图 69	北京大学教授胡适 ··	160
插图 70	北京大学职员陈万里 ······································	161
插图 71	1925 年 2 月 14 日北京大学研究所国学门为陈万里送行 ·································	166
插图 72	凯乐于 1924 年 11 月 28 日写给斯坦因的第一封信，信中介绍了华尔纳 ·································	170
插图 73	斯坦因于 1925 年 1 月 13 日写给凯乐的第一封信，信中表扬了华尔纳 ·································	173
插图 74	西行途中的陈万里 ··	184
插图 75	向斯坦因、伯希和、华尔纳发出警告的拉铁摩尔 ········	221
插图 76	华尔纳于 1926 年 12 月 26 日写给斯坦因的第一封信 ····	240
插图 77	斯坦因于 1927 年 2 月 21 日写给华尔纳的第一封信 ····	244
插图 78	华尔纳的日本好友矢代幸雄 ····························	245
插图 79	哈佛大学任命斯坦因为"福格艺术博物馆亚洲研究名誉研究员"的委任状 ·································	254

插图 80	哈佛大学的壁画剥移专家斯托特	256
插图 81	哈佛－燕京学社第一任社长叶理绥	262
插图 82	斯坦因的师兄、哈佛大学梵语教授兰曼	263
插图 83	汉奸卖国贼古董商卢芹斋	265
插图 84	纽约大都会美术博物馆藏龙门石窟浮雕"皇帝礼佛图"	268
插图 85	英王国王乔治五世	270
插图 86	中国驻英大使郭泰祺	272
插图 87	北京大学教授向达	274
插图 88	耶鲁大学日裔教授朝河贯一	280
插图 89	第 32 任美国总统富兰克林·罗斯福	281
插图 90	美国东方美术品收藏家温斯洛普	286
插图 91	美军远东军总司令麦克阿瑟	289
插图 92	美国陆军部长史汀生	291
插图 93	在日本工作的华尔纳	292
插图 94	世界文化遗产法隆寺指南，"华尔纳塔"位于西端的西丘上	300
插图 95	"华尔纳塔"（左）和"铎岭塔"（右）	301
插图 96	"华尔纳塔"右侧的石碑	302
插图 97	"华尔纳塔"右前方纪念碑的正面（日文）	303
插图 98	"华尔纳塔"右前方纪念碑的背面（英文）	304

一

华尔纳初涉中亚考古活动

兰登·华尔纳(Langdon Warner,1881—1955)于1881年8月1日出生于美国马萨诸塞州坎布里奇镇的一个名门望族。如果按父系追溯,他的十世祖威廉·华尔纳(William Warner)于1637年从英格兰移民到北美,属于美国历史上光荣的开拓者。如果按母系追溯,他的祖先罗杰·舍尔曼(Roger Shelman)是美国《独立宣言》和《大宪章》的签字人之一,在美国历史上赫赫有名。他的父亲约瑟夫·邦格斯·华尔纳(Joseph Bangs Warner)是美国著名律师,曾处理过拉德克里夫学院并入哈佛大学等大案要案,在马萨诸塞州波士顿一带享有很高的声誉(插图1)。

华尔纳少年时先后在坎布里奇镇的布朗与尼科尔斯小学校(Browne and Nichols School)以及波士顿市的格林那夫斯中学校(Greenough's School)读书。中学毕业后,华

插图 1　老年华尔纳像

尔纳于1899年进哈佛大学深造，属于1903届毕业生。在校期间，华尔纳热衷于社交活动，曾被选为哈佛大学《哈佛辩护者》(Harvard Advocate)杂志编委和"1770年学会(The Institute of 1770)"成员，因擅长写诗而有"1903届班级诗人"的美称。但他胸无大志，曾选修过化学、哲学、希腊语、英语等课程，杂乱无章，学习成绩平平。到1903年临毕业时，华尔纳曾考虑过几种谋职出路，其中之一是当律师，但未获他父亲的同意。于是，他又于1903年秋天进入哈佛大学的环境美化建筑学院(School of Landscape Architecture)读研究生，但还没有来得及选修课程，便因为一个偶然的机会，加入美国人首次进行的中亚考古活动中去。

众所周知，近代西方各国在中国西北地区进行的中亚考察，始终处在竞争之中。而美国只是一个起步较晚的落伍者，在19世纪的中亚考察活动中毫无地位可言。1897年9月，在法国巴黎召开的第11届国际东方学家代表大会上，建立了以搜集中亚出土印度语言文字材料为目的的"印度考察基金会"，美国没有代表。当时它在国际中亚研究界的卑微地位，由此可见一斑。1902年9月，在德国汉堡召开的第13届国际东方学家代表大会上，正式成立了"中亚和东亚历史学、考古学、语言学和民族学探险国际协会"（简称"国际中亚考古学探险协会"），美国是14个会员国中的末位。该协会的26名中央委员中，唯一的美国代表，是1902

年刚从德国移居到美国并担任纽约哥伦比亚大学汉学教授的弗里德里克·夏德（Friedrich Hirth），而他并非中亚研究专家或中亚考察家（插图2）。不过，该国际协会的成立，以及此后各国在中亚考察中更大规模的竞争，无疑促进了美国中亚考察的起步。真正为美国发起中亚考察活动的人，是美国地质学家拉斐尔·彭普利（Raphael Pumpelly）（插图3）。

1902年，因经营钢铁业而致富的美国资本家安德鲁·卡奈基（Andrew Carnegie）捐款2200万美元，在华盛顿创建以资助科学研究为宗旨的卡奈基学会（Carnegie Institution）（插图4）。当时正值西方列强进行的中亚考察进入高潮阶段，已65岁高龄的彭普利闻讯后，立即向新成立的卡奈基学会申请组建由他领导的中亚考察队，1902年年底获得批准。由彭普利领导的第一次卡奈基学会中亚考察队，于1903年春对俄属中亚地区进行了初步勘察，重点调查了阿什哈巴德附近的安诺遗址（现属土库曼斯坦）。考察队一共由4人组成，队员包括彭普利在哈佛大学教过的学生、时任哈佛大学地质学教授的威廉·莫利斯·戴维斯（William Morris Davis）、朋普利的儿子拉斐尔·威尔斯·彭普利（Raphael Wells Pumpelly，小朋普利）以及戴维斯的学生艾尔斯沃斯·亨廷顿（Ellsworth Huntington）。

第一次卡奈基学会中亚考察结束之后，卡奈基学会又批准彭普利组建第二次中亚考察队。这支考察队一共由7人

一 华尔纳初涉中亚考古活动 | 005

插图2 "国际中亚考古学探险协会"美国委员夏德

插图 3　最早关注中亚考古的美国人彭普利

插图 4　卡耐基像

组成，队员包括当时西方最著名的史前陶器发掘研究专家、德国柏林人种学博物馆（Museum fur Volkerkunde）的休伯特·施密特（Hubert Schmidt）、彭普利夫人、小彭普利、亨廷顿、希尔德嘉·布鲁克斯小姐（Miss Hildegard Brooks）和华尔纳。其中，布鲁克斯和华尔纳担任施密特的考古学助手。华尔纳之所以能参加到彭普利领导的第二次卡奈基学会中亚考察队，去担任考古学助手，完全是由于他在哈佛大学的同窗好友小彭普利的盛情相邀。当小彭普利于1903年底邀请华尔纳加入他父亲组织的中亚考察队时，华尔纳既没有任何考古学知识，又没有长途旅行的经验。但出于好奇，他还是接受了同学的邀请。

华尔纳与小彭普利于1904年1月到达埃及开罗，在尼罗河一带游览后，经亚历山大里亚至土耳其的君士坦丁堡，与考察队主体汇合。汇集后的考察队，接着经第比利斯（Tiflis），前往俄属中亚的安诺遗址进行发掘。华尔纳的工作，主要是协助施密特进行挖掘，在移动所有被发现的陶片和骨骼残片之前，对它们进行原地绘图、测量尺寸和初步拼接工作。为此，华尔纳必须作很多现场笔记，也使他有机会在实地工作中学习考古学。按照协定，所发现的大部分重要文物（主要是彩陶），都要被运往柏林的人种学博物馆，由施密特在那里进行仔细研究。最后留给华尔纳写文章的材料，只是些剩余的石器和骷髅。

这支考察队在安诺遗址发掘了两个月时间，然后移往谋夫（Merv）附近，搜寻可供今后发掘的遗址，还访问了阿姆河以北的布哈拉、撒马尔罕等中亚名城。1904年6月，考察队在中亚原地解散。华尔纳没有立即回国，而是于当年7月份前往基瓦汗国（Khanate of Khiva）访问。基瓦汗国是16世纪乌孜别克人在中亚阿姆河下游花剌子模建立的封建汗国，在俄国征服中亚的狂潮中，被迫于1873年沦为俄国的保护国，但名义上还是一个保留基瓦汗王的独立国家。华尔纳之所以要去基瓦汗国访问，是因为此前还没有一个美国人访问过这片地区。华尔纳认为，如果他能进行这次访问并将经历写成文章的话，美国肯定有杂志社愿意买下稿件用于发表。经过费力的周旋，华尔纳最终进入了基瓦汗国，并且拜见了汗王穆哈默德·拉金汗二世（Mukhammad Rakhim-khan II，1864—1910在位）（插图5）。但他的这次访问没有任何学术目的，只不过走马观花而已。俄国当局对华尔纳的访问活动感到很生气，不久即勒令他从铁路线上的查尔朱（Chardjui）出境。华尔纳于1904年7月13日到达查尔朱，然后经克拉斯诺伏斯克、巴库、欧洲大陆，返回美国（插图6）。

1904年彭普利领导的第二次卡奈基学会中亚考察队队员陆续返回美国后，即着手撰写考察报告。华尔纳回国后，首先将他访问基瓦汗国的经历写成一篇长文，题为《进入基

插图5　华尔纳拜见的基瓦汗国汗王穆哈默德·拉金汗二世

插图 6　著者在基瓦汗国故都基瓦城追踪华尔纳足迹

瓦》，分三次连载于美国《世纪杂志》1906 年 9 月号至 11 月号上[①]。由彭普利主编的考察队详尽学术报告书，作为华盛顿卡奈基学会出版物第 73 种，于 1908 年在华盛顿出版，书名为《1904 年考察队在突厥斯坦的考察——安诺史前文明：其起源、发展及其受环境的影响》，分为两卷，共 494 页，共包括 11 篇文章（插图 7）。其中最后一篇文章，就是华尔纳撰写的《安诺发掘的石器和骷髅》一文（插图 8）[②]。

彭普利的中亚考察活动，为美国培养了两位后来著名的中亚考察家，即亨廷顿和华尔纳。他们对亚洲的兴趣，都是从追随彭普利开始起步的。不同的是，亨廷顿在两次卡奈基学会中亚考察队中都是骨干，而华尔纳只是在第二次卡奈基学会中亚考察队中起过微不足道的作用。华尔纳为考察报告书撰写的文章分量也不重，但这篇文章毕竟是他的第一篇考古学文章，从此将他引入了考古学之门。40 多年后，当小彭普利于 1949 年去世后不久，华尔纳在给自己的儿子卡里布·华尔纳（Caleb Warner）写的信中回忆道：

[①] Langdon Warner, "Getting into Khiva", *The Century Magazine*, September to November, 1906.
[②] Langdon Warner, "Stone Implements and Skeletons Excavated in Anau", *Explorations in Turkestan, Expedition of 1904: Prehistoric Civilizations of Anau, Origin, Growth and Influence of Environment*, Edited by Raphael Pumpelly, Director of the Expedition, Carnegie Institution of Washington Publication No. 73, Washington, 1908, Vol. II, Part XI, pp. 477–494.

EXPLORATIONS IN TURKESTAN

EXPEDITION OF 1904

PREHISTORIC CIVILIZATIONS OF ANAU
Origins, Growth, and Influence of Environment

EDITED BY
RAPHAEL PUMPELLY
DIRECTOR OF THE EXPEDITION

IN TWO VOLUMES—VOLUME TWO

WASHINGTON, D. C.
Published by the Carnegie Institution of Washington
1908

插图 7　彭普利主编的卡奈基学会中亚考察队报告书扉页

Ancient Anau and the Oasis-World, and General Discussion of Results
By RAPHAEL PUMPELLY
Archeological Excavations in Anau and Old Merv . By HUBERT SCHMIDT
Note on the Occurrence of Glazed Ware at Afrosiab, and of Large Jars at Ghiaur Kala . . . . By HOMER H. KIDDER
Description of the Kurgans of the Merv Oasis . By ELLSWORTH HUNTINGTON
Chemical Analyses of Metallic Implements . . . . . By F. A. GOOCH
Physiography of Central-Asian Deserts and Oases . By R. WELLES PUMPELLY
Animal Remains from the Excavations in Anau, and the Horse of Anau in its Relation to the Races of Domestic Horses . . By J. ULRICH DUERST
Description of some Skulls from the North Kurgan, Anau . . By G. SERGI
Some Human Remains found in the North Kurgan, Anau . By TH. MOLLISON
Wheat and Barley from the North Kurgan, Anau . By H. C. SCHELLENBERG
Stone Implements and Skeletons excavated in Anau . By LANGDON WARNER

插图 8　华尔纳撰写的第一篇考古学文章标题

> 我去纽约参加我的同班同学拉斐尔·彭普利的葬礼，他在睡觉时去世了。……你应该喜欢他的。也许你知道，在我们毕业后的那一年，我和他一起去了俄属突厥斯坦，参加由他老爹组织的考古学考察队。毫无疑问，正是由于那次旅行，才使我开始对本来毫不相干的东方学研究领域产生了兴趣。[①]

对于华尔纳来说，参加彭普利领导的中亚考察队，确实是他的人生转折点之一。这次考察将他和中亚联系在了一起，也使他从此对考古学产生了兴趣。他一生中多次想在中亚考古方面跃跃欲试，与此不无关系。

---

① 1949年华尔纳致儿子卡里布·华尔纳信，转引自 Theodore Bowie (Ed.), *Langdon Warner through His Letters*, Bloomington / London: Indiana University Press, 1966, pp. 201-202.

二

华尔纳赴日本学习佛教美术

1905—1906 年,华尔纳的旅伴亨廷顿追随财阀子弟罗伯特·巴尔莱特(Robert L. Barrett),代表美国地理学家协会(Association of American Geographers)去新疆考察。在此前后,华尔纳却朝着另外一条道路发展。最初,华尔纳对当职业考察家的兴趣似乎不是很大。早在安诺参加发掘工作时,他就曾给他的父亲写信说:"我缺乏科学家的头脑,干这种营生挣钱也很少,人总不能一辈子老去外国的土地上进行考察吧。"[1] 看上去,他并没有将考察工作确定为自己毕生的事业。

由于初次参加考古挖掘的经历,也是为了完成对安诺遗

---

[1] 1904 年华尔纳从中亚安诺遗址致父亲信,转引自 Theodore Bowie (Ed.), *Langdon Warner through His Letters*, p. 15.

址考古发掘出土物的整理和研究工作,华尔纳于1904年秋天返回母校哈佛大学后,立即在该校的皮伯底博物馆(Peabody Museum)进修考古学课程。但不久后,他就辍学而去,在纽约的一家出版社谋职,编辑《园林杂志》(Garden Magazine)。不过,华尔纳当编辑的态度似乎也不认真积极。从1905年开始,华尔纳沉浸在和第26任美国总统西奥多·罗斯福(Theodore Roosevelt)的堂妹罗兰·罗斯福(Lorraine d'Oremieulx Roosevelt)的热恋之中(插图9)。

1906年春,位于哈佛大学附近的波士顿美术博物馆(The Museum of Fine Arts in Boston)董事会,要求哈佛大学校长查尔斯·爱略特(Charles W. Eliot)为该馆推荐两位青年人,由博物馆方面负责培训后,安排在该博物馆亚洲艺术部从事管理工作(插图10)。爱略特推荐的人选之一,便是华尔纳。华尔纳的受训方向,是远东(日本与中国)艺术,按要求必须立即前往日本进行实地学习。这一机会,可以说也决定了华尔纳的一生的轨迹,首先是将他和博物馆事业紧密地连在了一起,其次又将他和日本紧密地连在了一起。为了便于了解华尔纳,我们需要从波士顿美术博物馆入手,对华尔纳此后的师承关系做一简介。

波士顿美术博物馆成立于1876年,是美国历史最悠久的一家艺术博物馆(插图11)。1877年1月,哈佛大学1874届毕业生厄恩斯特·弗朗西斯科·费诺罗萨(Ernest

插图 9　第 26 任美国总统西奥多·罗斯福

二　华尔纳赴日本学习佛教美术　｜　019

插图 10　第 21 任哈佛大学校长爱略特

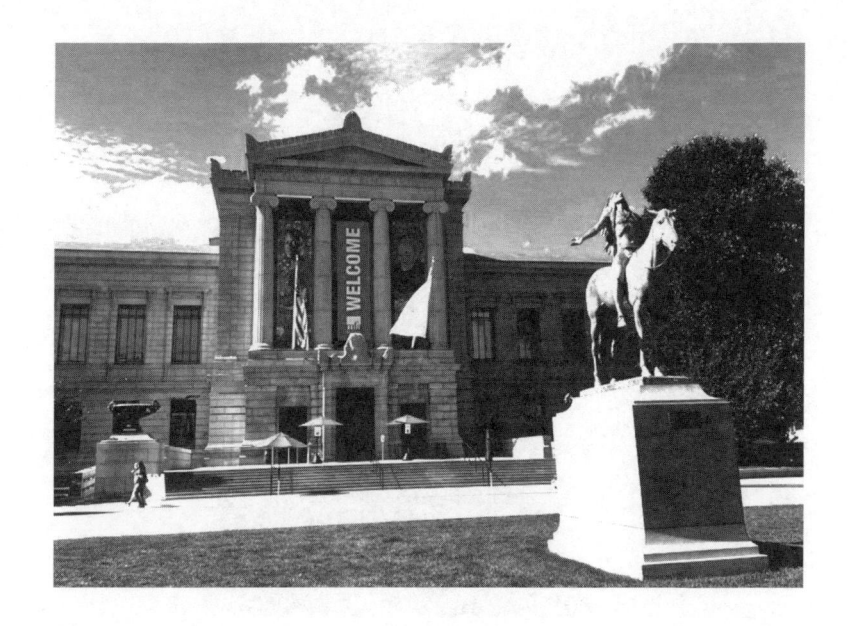

插图 11　波士顿美术博物馆

Francisco Fenollosa）进入初创的波士顿美术博物馆。随后，他又应日本政府招聘，于 1878—1886 年间在东京帝国大学教授政治经济学等课程，他本人在这一段时间里则研究东方美术（插图 12）。日本自明治维新以后，欧风美雨泛滥，社会上形成轻视传统艺术的倾向。而费诺罗萨在日本任教期间，首次强调日本古典艺术的固有价值，承认东方艺术的独特风格，主张尊重古代美术，提倡复兴日本画。在费诺罗萨的弟子当中，最著名者是冈仓觉三（号天心）（插图 13）。1886 年，费诺罗萨从东京帝国大学辞职，率冈仓觉三以日本文部省美术调查委员身份，赴欧洲调查美术教育。1887 年，冈仓觉三在费诺罗萨等人的帮助下，创建东京美术学校，次年担任该校校长，费诺罗萨也被聘为该校教授。1889 年 10 月，冈仓觉三和日本内阁官报局次长高桥健三因为共同的国粹主义（主张恢复日本文化和美术的应有地位）见解，而创办《国华》月刊杂志。在 19 世纪末和 20 世纪初，该杂志成为介绍与日本美术源流密切相关的中亚、敦煌美术的主要阵地。1890 年，费诺罗萨返回美国，在波士顿美术博物馆创建了亚洲（日本与中国）艺术部，并担任主任，使该博物馆成为美国最早设立东方艺术部门的博物馆。除 1897—1900 年间曾再返日本任教外，费诺罗萨一直在美国从事有关东方艺术的著述与讲学工作。

19 世纪末至 20 世纪初，是美国经济大发展的时代。经

插图 12　华尔纳的师爷、美国东方美术史学科奠基人费诺罗萨

插图13　华尔纳的老师、费诺罗萨的日本弟子冈仓觉三

济的繁荣，使各种类型的博物馆和美术馆如雨后春笋般涌现出来。这些文化机构的发展，又对东方文物和艺术品产生了很大的需求量。但当时美国除了费诺罗萨之外，并没有研究远东艺术的专家，不利于东方文物的搜集。1904 年，冈仓觉三应费诺罗萨的邀请，赴美国各地讲学，受到美国东方艺术收藏界的青睐。在费诺罗萨的建议下，波士顿美术博物馆也于 1904 年聘冈仓觉三为亚洲艺术部主任，优惠条件是他可以常驻日本，实际上主要职责是在亚洲为波士顿美术博物馆购买搜集东方文物。为了壮大波士顿美术博物馆在搜集亚洲艺术文物方面的力量，冈仓觉三便建议该博物馆在美国为亚洲艺术部招聘青年人，然后送到日本留学，华尔纳便成为第一个被选拔上的人。

  1906 年 6 月 19 日，华尔纳从旧金山起航，前往日本留学。他在日本的导师，便是遥兼波士顿美术博物馆亚洲艺术部主任的冈仓觉三。华尔纳到达东京之初，住在冈仓觉三家中，随导师学习东方考古与美术，并由冈仓觉三的弟弟教授日语。1907 年，华尔纳基本上待在日本奈良，奉冈仓觉三之命，在奈良诸寺（包括法隆寺、东大寺等）学习和研究日本雕刻（插图 14）。而冈仓觉三则于同年返回美国，在波士顿美术博物馆工作一段时间。冈仓觉三在美期间，也曾受到华尔纳的父亲老华尔纳的热情款待。

  到 1908 年前后，西方列强在中国西北地区进行考察与

二　华尔纳赴日本学习佛教美术　｜　025

插图 14　著者在日本奈良法隆寺追寻华尔纳的足迹

考古的活动已经达到了高潮。德国探险家阿尔伯特·格伦威德尔（Albert Grünwedel）、阿尔伯特·冯·勒考克（Albert von Le Coq）、瑞典探险家斯文·赫定（Sven Hedin）、英国探险家奥莱尔·斯坦因（Aurel Stein）、法国探险家保罗·伯希和（Paul Pelliot）、芬兰探险家古斯塔夫·曼纳林（Gustaf E. Mannerheim）、日本探险家橘瑞超、野村荣三郎等人，要么刚结束考察，要么正在进行考察，要么准备进行考察（插图 15、16、17、18、19、20、21）。身在美国的冈仓觉三，自然信息灵通，对这些考察活动了如指掌，也迫不及待地想派美国弟子华尔纳参加到中亚考察的行列中去。1908 年晚春某日，华尔纳从日本在给他的对象罗兰·罗斯福写信时透露：

  老师（指冈仓觉三）正在为我筹集资金，让我今年秋天去新疆（Eastern Turkestan）考察，要不然就去爪哇岛考察。天哪！这是今天下午才到达的（是信，而不是资金），真犹如晴天上的一个霹雳，因为我做梦也没有想到过要提出干这件事的要求。……我的头脑里充满着各种方案。我不敢写信告诉你更多的事情了。有指望重赴野外，这真是太令人着迷了，无法用语言来表达。因为一旦你的血液里染上了这种癖好，你便再也不可能恢复平静了：你得搜寻未知世界，你得指导一帮人工作，你得将虚幻的理论和棘手的实际最后熬成"成果"。

二 华尔纳赴日本学习佛教美术 | 027

插图 15 第一、三次德国吐鲁番考察队队长格伦威德尔

插图 16　第二、四次德国吐鲁番考察队队长勒考克

二　华尔纳赴日本学习佛教美术　|　029

插图 17　瑞典探险家斯文·赫定

插图 18　法国探险家伯希和

插图 19　芬兰探险家曼纳林

插图 20　英国探险家斯坦因

插图 21 日本探险家橘瑞超

> 能够指挥一支这种类型的考察队，一直是我的梦想。这比指挥一个旅要带劲得多，因为所做出的决定含有更多的智力因素。①

但是此后不久，华尔纳便打消了外出考察的念头。首先是因为他母亲身体有病，不宜过度牵心，第二是因为他的父亲坚决反对有危险的考察计划，第三是波士顿美术博物馆当局也不太愿意。

同年（1908年）夏天，冈仓觉三带着他在美国筹集到的考察经费回到日本，当他提出想派华尔纳去中国新疆省和阗（"和田"旧称）或者南洋爪哇进行考察时，便被华尔纳婉言拒绝了。华尔纳在1908年夏天某日给罗兰·罗斯福写信时说：

> 老师于前天回来，……随身带回来一万美元，用来让我去爪哇或和阗进行一次初步的试探性旅行。他对我说："如果你愿意的话，明天就动身吧。"也许，你比其他任何人都更明白，当我拒绝了他的时候，我的感受是什么。谁都会认为：这个小伙子太让人生气了。可是老师没有催促我，只是完全同意我迟早得去的想法。他还

---

① Theodore Bowie (Ed.), *Langdon Warner through His Letters*, p. 29.

说，他将把这笔钱保留到明年。不过，这将不会有什么作用；老师也已经答应，如果在此期间他能够找到一个合适的人的话，便派他去。①

从这件事情上我们可以看出，华尔纳实际上并不像斯文·赫定或斯坦因等人那样，具备探险家应该具有的自我牺牲精神；他有想成名成家的欲望，但在关键的时候又总是缩手缩脚。

冈仓觉三于1908年准备实施的和阗考察计划，已经到了万事俱备只欠东风的地步，而华尔纳却在最后时刻以种种借口突然放弃。今天站在中国人的角度看来，这应该是一件幸事。假如华尔纳于1908年拿着冈仓觉三为他筹集到的一万美元去和阗考察的话，那么中亚考察史肯定会增添更多令中国人伤心的内容。不论他获得的文物运往日本，还是运往美国，都是中国的巨大损失。

1909年，华尔纳结束了他留学日本的生活，返回波士顿美术博物馆工作，并且与罗兰·罗斯福订婚。但不久后，他又应冈仓觉三的要求，返回日本东京为老师帮忙。日本政府定于1910年在英国伦敦举办一次日本国宝展览，冈仓觉三负责为这次展览编写一部题为《日本的寺庙及其宝藏》

---

① Theodore Bowie (Ed.), *Langdon Warner through His Letters*, pp. 29-30.

（Japanese Temples and Their Treasures）的介绍书和目录。由于要用英文撰写，所以他要求华尔纳协助工作。该目录由冈仓觉三用日文写出，再由华尔纳翻译成英文。

当该书编写完毕之后，冈仓觉三还曾打算派华尔纳去中国河南省搜集龙门石窟文物。华尔纳在从日本给他父亲写的一封信中说：

> 老师对我将来在博物馆的前途感到很有责任。当他听说我马上要结婚、并想在这里再住一年时，他便问牧野男爵（前文部大臣），是否有大学里的工作给我做。现在还没有，但很快就会有的。老师说，我实际上已经有了工作。老师又说："不过，你想做河南的生意吗？"河南府，或者更确切地说是中国河南省洛阳城，位于一座山侧，山崖上凿有数百个石窟佛寺，窟寺中有成千上万件雕塑品，年代从公元516年开始，直到公元13世纪或者更晚些。在很久很久以前，老师是在一个半偶然的机会里发现这些石窟的，他是到达过龙门石窟的第一个外国人。……老师认为，这是一座代表中国雕塑最高水平的宝库，应该向西方世界开放，这一点非常重要。……它是等待人们去探究的、尚未公开的巴台农神

庙，或者是整个雅典卫城。①

所谓"做河南的生意"，实际上就是去变相盗窃龙门石窟文物（插图22）。

华尔纳本人对去龙门收集文物的态度是积极的，但他知道最大的阻力是他父亲反对他进行野外工作。于是，他在给他父亲的一封信中劝道：

> 我知道您的看法，您认为野外工作不适于我做，在博物馆中搞行政工作更容易得到提拔。但是，就以馆长这个职务为例吧，我敢非常肯定地说，它对我毫无吸引力，而且我也不是他们所需要的那种人。……你听说过的所有人，譬如斯坦因，……都是以野外工作而成名的。而现在说的这个地方（龙门石窟），比和阗或吐鲁番要重要得多，从艺术的角度上说（当然不是从种族的角度上说），可与底比斯古城或者罗马广场遗址相媲美。就此，我已经给罗兰（·罗斯福）写信，如果我发现那个地方既安全又不太艰苦的话，我将带她一起去。②

---

① Theodore Bowie (Ed.), *Langdon Warner through His Letters*, pp. 32-33.
② Theodore Bowie (Ed.), *Langdon Warner through His Letters*, p. 33.

插图 22　1910 年的龙门石窟奉先寺正面

老华尔纳终于被说服，不仅转变了态度，而且还在美国为儿子筹集资金。但是，华尔纳的这次龙门之行最终并未实现，主要原因是波士顿美术博物馆方面不同意。这样，华尔纳便只好返回波士顿，就任波士顿美术博物馆亚洲艺术部副主任一职。

美国人的日本弟子冈仓觉三和日本人的美国弟子华尔纳之间的关系，是美日文化关系史上的一段趣闻。1906—1909年间，华尔纳在日本追随冈仓觉三的这段留学生活，是他一生中的重要经历。此后，他的人生轨迹在很大程度上是由这段经历决定的。在日本，华尔纳学会了日本语言，了解了日本文化，决定了他后半生与日本之间的密切关系。他在日本最具权威的美术史家冈仓觉三的指导下，打下了坚实的亚洲佛教艺术知识基础，使他后来将亚洲佛教艺术作为自己的终生专业，并且成为第一个在美国大学系统开设亚洲艺术课程的人。

但同时，冈仓觉三又确实是想通过各种方法，把华尔纳培养成从亚洲弱国（主要是中国）攫取文物的高手，使华尔纳从此沾染上了想方设法将中国文物运出境外的恶劣念头。虽然冈仓觉三为华尔纳安排的和阗考察和龙门考察未能实现，但那种念头无疑在华尔纳的脑海里打上了深深的烙印。20年代以后，华尔纳热衷于从中国敦煌等地攫取佛教艺术珍宝，应该说是与他早年在日本受到的这种教育是分不开的。

　　至于冈仓觉三本人，虽然生前没有能够使他的美国弟子华尔纳参加到去中国攫宝的行列中去，但仍一直关注着中亚考察活动。1910年，冈仓觉三还在《国华》杂志上发表一篇文章，倡议"在地理等方面具有最大优势的"日本人挺身而出，"不要满足于由斯文·赫定首开的、由斯坦因等人随后的学术探险旅行成果，试着进一步获得更多成果"，"按照超过英国、德国的大规模的计划，着手进行这些探险，使日本人能够把握对这些地区的美术进行研究的钥匙"[①]。只是由于冈仓觉三于1913年在日本新潟突然去世，日本美术史界（不是宗教界）才断了参加中亚考察活动的念头。

[①]《国华》第20编总第238号，1910年（明治四十三年）3月，杂录部，第256页。

三 华尔纳筹建北京美国考古学院

1910年5月14日,华尔纳和罗兰·罗斯福在西奥多·罗斯福家族聚居的纽约长岛奥伊斯特湾结婚,由西奥多·罗斯福前总统亲手将新娘交给了新郎。从此,华尔纳便成了老罗斯福一门的乘龙快婿。随后,华尔纳夫妇一起去日本度婚假。波士顿美术博物馆不但准假,而且照发薪水。同时,哈佛大学也向华尔纳提供了一份"谢尔顿研究基金(Sheldon Fellowship)",作为华尔纳为撰写出版一部论早期日本佛教美术的著作而搜集资料的经费。华尔纳夫妇于1910年夏到达日本,在奈良和京都搜集佛教美术资料。1911年春,华尔纳又去日本统治下的朝鲜,调查日本佛教美术之来源问题。同年夏天,华尔纳夫妇返回美国波士顿。华尔纳在波士顿美术博物馆复职后不久,便于1912年8月提出辞呈,同年11月正式辞职。

华尔纳之所以要辞去在波士顿美术博物馆中的职务，一是因为他对所在部门的工作感到不满，二是因为他接受了查尔斯·朗格·弗利尔（Charles Lang Freer）委托他在中国北京创办一所美国考古学院的工作。弗利尔是在美国底特律发家的铁路和机车大垄断资本家，早在19世纪80年代初便开始搜集美术品。他于1900年养闲后，开始在欧洲和东方各地旅行、考察并搜集文物，尤其偏爱东方艺术品，主要是中国和日本的美术品，曾经在中国河南龙门石窟进行过考察（插图23）。到1910年时，弗利尔的东方艺术搜集品中已经包括大约8000件珍贵文物。1906年，弗利尔决定死后将他的所有搜集品捐赠给国家，但在他有生之年仍然掌握搜集品的所有权。为了收藏这批搜集品，弗利尔还捐钱，由史密森学会（Smithsonian Institution）出面，在华盛顿修建用于典藏文物的弗利尔美术馆（The Freer Gallery of Art），该馆迟至1919年他去世时才完工。

1909年，老华尔纳在为儿子去龙门石窟考察筹集经费时，结识了弗利尔。当华尔纳返回美国后，便通过他父亲的介绍与弗利尔相识，并通过弗利尔与史密森学会的分支机构美国考古研究所（Archaeological Institute of America）取得了联系。1911年中国辛亥革命后，弗利尔及其朋友们都认为，美国要想研究和搜集中国文物，必须乘民国初建之机，在中国设立一个固定的机构。这样做，一可以为美国人提

三　华尔纳筹建北京美国考古学院　｜　043

插图 23　美国"机车大王"弗利尔

供实地考察研究的基地,二可以训练美国和中国的考古人才（实际上主要是培养文物贩子）,三可以保护搜集中国文物（实际上主要目的是搜集文物）。于是他们建议,由华尔纳帮助他们在中国北京创建这样的一所美国机构,定名为"北京美国考古学院"（American School of Archaeology in Peking）。他们任命华尔纳为空头院长,给他一笔钱和一年的时间,让他去北京,与新生的中华民国政府（即袁世凯的北洋政府）谈判有关事项。

1912年冬天,华尔纳辞去波士顿美术博物馆的职务,开始为"北京美国考古学院"的筹建工作做准备。在筹备过程中,华尔纳还于1913年上半年为哈佛大学开设了一门正式课程,称"东方美术"（侧重中国和日本美术）,这是美国历史上第一次在大学中开设的东方美术正式课程。此前,只有冈仓觉三的老师（即华尔纳的师爷）费诺罗莎在哥伦比亚大学和普拉特研究院（Pratt Institute）开设过独立讲座。

1913年6月,华尔纳携妻子起程,前往中国。他们取道英国、法国、德国、俄国,沿途拜访欧洲各国对中国考古学感兴趣的机构和同行,就创建"北京美国考古学院"一事征求他们的意见。他们还熟悉欧洲典藏的中国文物,尤其是中国西北文物,为将来美国考古学院在华工作并在中国西北进行考察做准备。老华尔纳陪着儿子和儿媳,走完从伦敦到莫斯科的一段行程。在英国伦敦,华尔纳一家人成了大英博物院东方美术品管理员罗伦斯·宾雍（Laurence Binyon）的座上客（插图24）。宾雍是英国著名诗人和东方美术史家，也是斯坦因所获敦煌美术品的最早研究者，他安排华尔纳一行参观了斯坦因搜集品中的中亚、敦煌美术品。

在法国巴黎，华尔纳一家人和沙畹（Edouard Chavannes）及其弟子伯希和相识，就创办"北京美国考古学院"一事交换意见（插图25）。沙畹是斯坦因中亚考察所获汉文文书的考释者，伯希和是继斯坦因之后第二个在敦煌考察的欧洲人，他们都是国际著名的汉学家、中国文物搜集者和敦煌学家。沙畹和伯希和都建议华尔纳，可以抽空去法属安南，参观一下当时西方在远东地区的第一所考古学校，即设在河内的法兰西远东学院（L'Ecole Francaise d'Extreme-Orient, Hanoi）。他们还建议华尔纳，首先应建一座学院的图书馆，搜集一套早期中国碑铭资料。

在德国柏林，华尔纳一家人参观了柏林人种学博物馆收藏的中国新疆吐鲁番、库车等地出土美术品，都是该馆印度部主任格伦威德尔和职员勒考克的搜集品（插图26）。华尔纳在给朋友写的信中，介绍他在柏林参观新疆美术品时的情况如下：

这些非凡的晚唐和宋代壁画，是冯·勒考克从火州（今新疆吐鲁番高昌故城）带回来的。最近勒考克刚出

插图 24　英藏敦煌美术品管理员宾雍

三 华尔纳筹建北京美国考古学院 | 047

插图 25 法国汉学家沙畹

插图 26　柏林人种学博物馆

版了一册画集，名为《火州》。这些壁画很精彩，保存状况好得出奇，但是很缺乏日本法隆寺正殿壁画上展现出来的那种魅力。而且，它们看上去比日本美术史上的白凤时期（645—710）或产生白凤美术的时代要晚。纺织品美丽而重要，雕塑品也有很大的意义，它们多带有一些西方的痕迹。很多壁画也显示出明显的西方痕迹，用明暗对照等方法画成，因而具有立体感。总的来说，斯坦因给大英博物院带回的东西，在美感方面要超过柏林的这批搜集品，当然这并不损害这批搜集品的重要性。[1]

在俄国圣彼得堡，华尔纳一家人数次参观了爱尔米塔什博物馆（Hermitage），主要看了科兹洛夫中亚搜集品（插图27）。华尔纳还单独在人种学博物馆，研究科兹洛夫从哈拉浩特（黑城）遗址发掘出来的绘画品、泥塑、纺织品等。其中的绘画多为13世纪画在布、绢、纸上的佛教或喇嘛教绘画，而泥塑和纺织品的年代更早些。

结束了在俄国的访问后，老华尔纳从莫斯科返回美国，而华尔纳夫妇则继续乘火车，沿西伯利亚铁路东行，于1913年8月21日到达朝鲜汉城。因为华尔纳夫人想写一部

---

[1] Theodore Bowie (Ed.), *Langdon Warner through His Letters*, pp. 41–42.

插图 27　哈拉浩特遗址的发现者克兹洛夫

关于朝鲜陶瓷的书，所以他们在这里逗留了 4 个星期。然后，他们于同年 9 月份到达北京，这是华尔纳第一次踏上中国的土地。

到北京后，华尔纳立即与北洋政府谈判建立"北京美国考古学院"的事情。所见内阁成员表面上都表示支持此事，袁世凯还接见了华尔纳夫妇（插图 28）。华尔纳在致友人的信中，这样描述了他和袁世凯的会晤：

> 袁世凯在旧皇宫的湖外一角单独接见了我们，我们是乘船过湖的。……我们都围着一张桌子坐下，然后他问了我们一些普通的问题。但很快我们就深入到建校问题上来。当他呷茶表示会谈结束时，我们发现他给我们发表看法的时间是 45 分钟。……虽然他并不懂考古学的方法，但是对于考古学问题和考古学材料，他仍然显示出有教养的中国绅士所具有的那种知识。……他答应，将在建校一事上给我们提供精神道义方面的支持。[①]

但实际上，北洋政府当时根本无心关注文化事业，迟迟未能做出任何决定。

华尔纳夫妇在北京等待结果期间，于 1913 年 11 月代

---

① Theodore Bowie (Ed.), *Langdon Warner through His Letters*, p. 44.

插图 28　1913 年 9 月在北京接见华尔纳夫妇的中华民国大总统袁世凯

表无形的"北京美国考古学院",赴东北考察一次,对辽宁锦州府义州(今辽宁义县)城外的万佛堂石窟进行调查工作。回到北京后,华尔纳夫妇又于1913年底乘船经香港,前往东南亚一带访问,主要目的是遵照沙畹和伯希和的建议,访问河内的法兰西远东学院。法兰西远东学院的工作重点虽然以印度支那为主,但也搜集中国文物,沙畹、伯希和、亨利·马伯乐(Henri Maspero)等法国汉学大师和中国文物搜集者,都是从这里起家的。当华尔纳来访时,该院院长让·考麦尔(Jean Commaille)对美国人拟建立"北京美国考古学院"一事表示支持,并表示法兰西远东学院愿意向美国方面提供技术和专家援助。1914年初,华尔纳夫妇遵照考麦尔的建议,参观了法兰西远东学院正在修复的柬埔寨吴哥古迹,然后经澳门、上海返回北京。

华尔纳回到北京后,发现建校之事仍无结果,于是决定赴中国内地,寻找可供将来进行考古学研究的遗址,主要计划去陕西西安府和河南临汝县宋代均窑遗址考察。由于白朗起义的缘故,他到河南省境后无法深入豫、陕内地,只能将妻子安顿在开封府,他本人则去彰德府(河南安阳)一带,考察甲骨发掘情况,检查了数千枚甲骨。离开彰德府后,华尔纳又考察了洛阳龙门石窟。华尔纳在考察龙门石窟后,从洛阳给他妻子写的一封信中介绍说:

我们外出去了龙门,现在返回。没有你在身边,真不走运。原来,乘大车去那里真是太简单了,但我却没有能像我们出发时设想的那样,带你一起去。说句老实话,做任何事情都有可能耽搁。……总的说来,这个地方真是令人难以置信。在我看来,我们非常了解的那组"夫人"群像(即宾阳洞皇后礼佛图),是中国美术中最精美的作品。我还从来没有见过有任何作品能够赶得上它们。我已经得到了两组群像的大型拓片,以及另外一千件小拓片,它们是刚刚为比利时的一家小博物馆定制好的,还没有来得及寄出。……至于75英尺高的坐佛,及其侍从占据的那个大台座,那真是世界上最伟大的地方。我躺在那里的草地上,尽力不去想它。最近遭受到的破坏,不次于我们所听说过的任何破坏,到处都是凿断头像的新鲜痕迹,有些是被故意挖掉的,有些是被士兵敲掉的。我想用照相机尽可能多地拍摄一些细节,但是徒劳无获。最糟糕的是差点得了病。……我们对这些雕刻品非常熟悉,因为沙畹和弗利尔拍摄回的照片中,以及我们能见到的拓片中,都记录了它们,但是看真物到底是不一样。[1]

---

[1] Theodore Bowie (Ed.), *Langdon Warner through His Letters*, pp. 58–59.

考察龙门石窟后,华尔纳又考察了巩县石窟,然后返回北京。

看到建校无望,华尔纳于1914年春从开封府给弗利尔写了一封信,要求辞去拟建立的"北京美国考古学院"空头院长职务。1914年6月,华尔纳夫人先行返回美国,而华尔纳则继续在北京逗留了一段时间。

稍后,有一支由280头骆驼组成的旅行商队要去外蒙古库仑(今乌兰巴托),于是华尔纳参加了这支商队。他想经库仑去内蒙古西部额济纳地区哈拉浩特遗址考察,然后再经西伯利亚铁路返回北京。商队从张家口出发后,行走了58天才到达库仑。因外界长久得不到华尔纳的音讯,所以北京一度曾有他在蒙古遇害的讹传报道。实际情况是,华尔纳到达库仑后,听到在欧洲爆发大战的消息,于是突然决定取消前往哈拉浩特考察的计划,也不再返回北京,而是在西伯利亚铁路线上的沃什尼·乌丁斯克(Virshne Udinsk)跳上西去欧洲的火车。然后,华尔纳经俄国首都圣彼得堡、瑞典首都斯德哥尔摩、英国首都伦敦,返回美国。途中,华尔纳再访了圣彼得堡的爱尔米塔什博物馆,并应瑞典皇太子之邀请,参观了瑞典皇宫中收藏的中国美术品。

华尔纳这次长途旅行的主要任务,是创建"北京美国考古学院",但由于中国北洋政府未予积极配合,他的这一任务并没有完成。不过,华尔纳在这次旅行中有很多收获。首先，他在途经欧洲时结识了许多中亚考察家和研究家，参观了各国典藏的中亚和敦煌美术品。其次，他第一次访问了中国，在一年多的时间内游历了中国和亚洲的许多古代遗址，在北京结识了一些要人，为他后来的中国考察埋下了伏笔。华尔纳在这次旅行中，差一点就去了哈拉浩特遗址考察，如果成行，则他攫取的文物肯定不在少数。只是由于第一次世界大战的爆发，才使他的这次考察计划流产。

四 从美国驻哈尔滨副领事转任宾夕法尼亚博物馆馆长

华尔纳于1914年秋返回美国后，仍没有正式工作。他将主要的精力，用在为美国史密森学会撰写"北京美国考古学院"筹建报告书上。1915年6月该报告书撰毕后，被呈送给由弗利尔领导的一个专门委员会，其抄件分呈美国的有关要人和机构，其中包括华尔纳的堂内兄、美国前总统西奥多·罗斯福和哈佛大学前校长爱略特。报告写完后，华尔纳便正式辞去"北京美国考古学院"院长一职，从此与建校之事脱离干系。

1915年，美国俄亥俄州克里夫兰市（Cleveland）的一群名流拟联合筹建一座克里夫兰美术博物馆（Cleveland Museum of Art），事先任命弗里德里克·怀丁（Frederick A. Whiting）为馆长，怀丁又请华尔纳协助筹建该博物馆的东方部。1915年夏天，怀丁派遣华尔纳去欧洲伦敦、巴黎等地，考察艺术品市场行情。然后，怀丁正式任命华尔纳为该博物馆的亚洲研究野外代表（Field Agent for Research in Asia），派他率考察队赴俄属中亚，进行考察和发掘。但此时正值第一次世界大战之际，俄国当局不愿意让外国考察队入境。在等待批准的那段时间里，华尔纳又接受了弗利尔的建议，去底特律为弗利尔搜集的东方雕刻品编制目录。到1916年秋天，俄国当局仍不批准华尔纳入境，于是他只好改往中国考察，目的是为克里夫兰美术博物馆搜集中国文物，这是他第二次访问中国。

华尔纳到达中国后，首先向北洋政府申请去陕西省西安府发掘古代墓葬，未获批准。1916年10月底，华尔纳去山西大同府，考察云冈石窟。几年前，沙畹刚在这里拍摄过照片，华尔纳这次又拍摄了一批新照片，制作了一批拓片。回到北京后，华尔纳通过古董商，为克里夫兰美术博物馆购获了一批重要的石雕和铜像。

值得一提的是，华尔纳这次在北京逗留期间，和他于1913年在巴黎结识的法国朋友伯希和第二次见面。第一次世界大战爆发后，当时正在巴黎任法兰西学院中亚语言、历史和考古学讲座教授的伯希和应征入伍，于1914年被派往中国，担任法国驻北京公使馆陆军武官（插图29）。华尔纳和伯希和这次在北京相交甚欢，伯希和建议他们两个人在大

插图29　在北京担任武官期间的伯希和

战结束后联袂去新疆考察。华尔纳对伯希和的这个建议当然感到高兴,他在给怀丁写的汇报信中说:

> 这将是一件值得我们大大夸耀的事情,因为他(伯希和)正是将敦煌写本席卷而去、并带回唐代伟大绘画品的那个人。他私下还隐藏着几处可供发掘的新遗址,但是苦于将来没有经费去发掘它们。如果他能参加我们的考察队,那等于我们新添了一位世界上最有名气的学者。①

当然,华尔纳高兴得早了点。由于各种变化了的情况,他们两个人在第一次世界大战结束后,实际上并没有实现这一联合考察计划。

华尔纳离开北京后,又前往朝鲜汉城和日本的一些古玩店,为克里夫兰美术博物馆购买文物,直到1917年春天才回到美国。回国后,华尔纳立即辞去了在克里夫兰美术博物馆的职务,又跳槽去了设在宾夕法尼亚州费城的宾夕法尼亚博物馆(Pennsylvania Museum)担任馆长,该馆也就是后来著名的费城美术博物馆(Philadelphia Museum of Art)。在这一职位上,华尔纳一直干到1923年重返母校哈佛大学时

---

① Theodore Bowie (Ed.), *Langdon Warner through His Letters*, p. 87.

为止。其间，他断断续续地数次出差。外出期间的馆务，由他的朋友哈密尔顿·贝尔（Hamilton Bell）代理。

华尔纳于1917年任宾夕法尼亚博物馆馆长后不久，又代表史密森学会，赴远东搜集文物并做调查研究。他先到日本住了几个月，撰写有关推古时代雕刻的书。然后，他于1918年3月到达中国哈尔滨，想在中国东北进行考古。当时正值俄国十月革命后不久，中国东北的形势十分混乱，不适宜进行考古工作。于是，华尔纳在征得史密森学会同意的情况下，决定就地为美国国务院服务一段时间，担任美国驻哈尔滨副领事。在副领事任上，华尔纳经常出没于中国东北、蒙古和西伯利亚之间，代表美国政府，参与对第一次世界大战期间滞留俄国远东地区的大约由六七万人组成的"捷克军团"的遣返工作，直到1918年年底。

1919年初，为华尔纳代守宾夕法尼亚博物馆馆长职务的贝尔因为急需外出，请求华尔纳回馆复职。于是，华尔纳放弃了美国驻哈尔滨副领事一职，回到美国，重新担任宾夕法尼亚博物馆馆长一职，直到1923年。宾夕法尼亚博物馆馆长一职，是华尔纳一生中干得时间最长的博物馆行政工作。华尔纳在宾夕法尼亚博物馆任馆长期间，有两件事情值得一提。第一件事，是他于1921年招聘霍拉斯·翟荫（Horace Jayne）入馆工作。翟荫在该馆一直工作到1939年，其间于1923—1925年间参加了华尔纳领导的两次敦煌旅行，长期是华尔纳的助手。第二件事,是他在此期间完成了他一生中学术水平最高的一部著作,即关于日本推古时代雕刻的研究专著《推古时代的日本雕刻》,该书于 1923 年出版[①]。

---

① Langdon Warner, *Japanese Sculpture of the Suiko Period*, New Haven, 1923.

五 华尔纳入职哈佛大学福格艺术博物馆

进入20世纪20年代以后,美国的中亚考察史出现了第二个高峰期(第一个高峰期是20世纪的最初10年)。其间,最主要的事件就是由美国自然史博物馆(American Museum of Natural History)组织的中亚考察。早在1916—1917年间,美国自然史博物馆就派罗伊·查普曼·安助斯(Roy Chapman Andrews)赴缅甸、中国云南和西藏考察。1918—1919年间,该博物馆又派安助斯赴蒙古高原北部考察,并将以蒙古高原为中心的大中亚确定为该博物馆在20年代考察的重点地区(插图30)。当安助斯于1918年在蒙古考察时,在戈壁沙漠中碰上正在担任美国驻哈尔滨副领事并为遣送"捷克军团"事穿梭于蒙古的华尔纳。这两个人从前没有见过面,但互相知道对方的工作。安助斯向华尔纳透露了美国自然史博物馆拟在蒙古进行大规模中亚考察的计划,建议

插图 30　美国中亚探险家安助斯

华尔纳在战后也立即参加到由他领导的中亚考察队中来。华尔纳欣然答应，但后来由于各种原因再一次食言。

当美国自然史博物馆开始在中亚大规模地搜集古生物化石时，华尔纳的母校哈佛大学得到了美国铝业大资本家查尔斯·马丁·霍尔（Charles Martin Hall）的一部分遗产（插图31）。哈佛大学急于利用这笔经费发展其东方美术品收藏规模，于是导致了华尔纳的返校和他领导的两次中国考察。霍尔于1881年进入欧柏林学院（Oberlin College）专攻化学，在校期间埋头钻研铝的提炼方法，1885年毕业后不久就发明了既经济又实用的电解提炼铝方法，1886年在匹兹堡一家工厂批量实验成功。1887年这家工厂组建为"匹兹堡还原公司"（Pittsburgh Reduction Company），该公司从1890年开始是美国唯一的原铝生产厂家，完全垄断了美国的制铝工业。后来，该公司势力发展到加拿大、西欧、南亚等地，1907年组建成"美国铝业公司"（Aluminium Company of America），成为世界上最大的铝业垄断组织。霍尔作为电解铝技术的发明人，在美国铝业公司的发展中起到了巨大的作用，他本人也因此积累了巨额的财富。据说，霍尔早在欧柏林学院读书时，由于只埋头研究铝的提炼方法，学习成绩不佳，被校方斥为不务正业，经常遭到美国同学的嘲笑。而该校的两名中国留学生则对他表示同情和安慰，中国人的温和性格给他留下了深刻的印象。当他后来发迹得意之时，没有忘记和他要

插图 31　美国"铝业大王"霍尔

好的两名中国留学生,逐渐地对中国文化也产生了浓厚的兴趣①。当他在世的时候,他便花巨资购买东方艺术品和文物,特别是中国文物。1914年12月27日,年仅51岁的霍尔去世,由于他终身未娶,所以生前遗嘱决定,将绝大部分遗产用于除神学教育之外的社会公益教育事业。他的遗嘱规定:将遗产的三分之一(大约1500万美元)捐赠给母校欧柏林学院,三分之一"用于促进中国、日本等国教育事业的经费",其余遗产也被分配给美国、欧洲和亚洲的许多教育机构。他的中国艺术品和其他艺术收藏品,捐赠给了欧柏林学院的艺术博物馆。打算用于研究中国文化或发展中国教育的经费,至少有700万美元。按照霍尔遗嘱的规定,用于发展中国教育和文化的方法是,在美国和中国各选一所大学,组织联合机构进行研究。在霍尔去世时,第一次世界大战刚刚爆发,他的遗嘱无法实现,直到战后的1919年华盛顿会议召开之际,霍尔遗嘱执行团才开始分配遗产②。

1919年,霍尔遗嘱执行团在美国选中了哈佛大学,但在中国为哈佛大学选择合作学校的过程并非一帆风顺,在此

---

① 聂崇岐《简述"哈佛燕京学社"》,《文史资料选辑》第25辑,北京:中华书局,1962年,第70页。这一说法经常被中国学者引用,但不见载于霍尔的正规传记。
② 关于霍尔基金的数目、分配原则和分配办法等,有很多种说法,这里引用的只是其中之一,不一定准确。

后的几年间颇费周折。当时中国最著名的学术机构，当属国立北京大学，该校自然是美国方面首选的对象。但是，美国教会组织在北京新建立的燕京大学和北京华北协和华语学校（North China Union Language School）得悉消息后，也先后加入经费竞争的行列中来。尤其是燕京大学，它由美国的长老会等四个基督教差会再加上英国的伦敦会合办，由北京汇文大学、通州华北协和大学等四所教会学校合并而成，1916年在纽约和北京分别成立托事部和董事会，1919年1月聘传教士出身的司徒雷登（John Leighton Stuart）为校长（插图32）。燕京大学创办之初，筹集经费是成了当务之急，司徒雷登自然不放过任何机会。从哈佛大学方面讲，与北京大学合作当然比与燕京大学合作更为理想，但由于司徒雷登在美国霍尔基金会里进行公关活动，使此后哈佛大学选择合作学校的过程颇具变数。

哈佛大学首先从霍尔基金会得到了600万美元的经费，这笔钱刺激了该校福格艺术博物馆对中国文物的搜集欲望（插图33）。福格艺术博物馆全名叫"威廉·海耶斯·福格艺术博物馆"（William Hayes Fogg Art Museum），创建于1895年，原本是哈佛大学专门为美术系和博物馆学系设置的实习用小型博物馆（插图34）。在20世纪上半叶，福格艺术博物馆的主要领导人是爱德华·瓦尔多·佛比斯（Edward Waldo Forbes）和保罗·约瑟夫·盛克斯（Paul Joseph

插图 32　燕京大学校长司徒雷登

插图33　哈佛大学福格艺术博物馆

五　华尔纳入职哈佛大学福格艺术博物馆　｜　071

插图 34　福格艺术博物馆的艺术品捐赠者福格

Sachs）。佛比斯是艺术家出身，他的外祖父即是美国著名作家、哲学家拉尔夫·爱默生（Ralph Waldo Emerson），但他常年研究的课题是壁画修复技术和壁画剥离方法，因此也成了半个化学家（插图35）。佛比斯于1909年任福格艺术博物馆馆长后，一直到1944年退休时，始终都在研究此类课题。盛克斯出生于商人家庭，哈佛大学毕业后在纽约华尔街上当银行家，但因自幼喜爱美术，终于在1912年接受佛比斯的邀请，进入福格艺术博物馆工作，1915年被任命为助理馆长，1916年任哈佛大学讲师，1917年任助理教授，1922年任副教授，1923年升为福格艺术博物馆副馆长，主管筹集经费，直到1944年退休（插图36）。佛比斯和盛克斯同时又分管哈佛大学的美术系和博物馆学系，因此可以说，哈佛大学的福格艺术博物馆、美术系和博物馆学系，是三位一体的机构（插图37）。

当哈佛大学获得霍尔基金资助后，佛比斯和盛克斯野心勃勃，想利用这笔钱的一部分，扩展福格艺术博物馆的东方收藏品，促进哈佛大学的远东艺术与考古学研究，最终将福格艺术博物馆建设成全美国最大的大学博物馆。于是，他们便想从宾夕法尼亚博物馆将已经多次赴东方考察过的华尔纳挖回哈佛大学，协助他们建立福格艺术博物馆的东方藏品部。他们为华尔纳提供了一系列优厚待遇，其中包括给华尔纳一个为期5年的研究员职位。他们答应华尔纳，在任职期

五 华尔纳入职哈佛大学福格艺术博物馆 | 073

插图 35 福格艺术博物馆馆长佛比斯

插图 36　福格艺术博物馆副馆长盛克斯为学生授课

插图 37　佛比斯（前）和盛克斯（后）

间可以领导考察队进入他选择的亚洲任何地方进行考察并搜集文物，允许华尔纳在居留哈佛大学期间为本校开讲一些课程等等。华尔纳本人这时已经厌倦了宾夕法尼亚美术博物馆馆长的行政工作，想念他的老家新英格兰，想着返回亚洲进行考察。于是他们一拍即合，华尔纳于1923年辞去宾夕法尼亚博物馆馆长一职，返回母校哈佛大学。

华尔纳返回哈佛大学后做的第一件大事，便是领导了第一次福格艺术博物馆在中国西北地区的考察。1923年华尔纳返校后，立即组建了由他和宾夕法尼亚博物馆（已改称费城美术博物馆）馆员翟荫两人组成的第一次福格艺术博物馆中国考察队（简称"福格中国考察队"）。华尔纳为这次考察设定的目标，是为哈佛大学将来的考古学考察工作进行初步侦察，选定可供将来发掘的遗址。他的具体目的是：（1）探索一下在额济纳地区喀拉浩特遗址进行发掘的可能性；（2）如果哈拉浩特不再具备发掘价值，就在沿途寻找其他遗址并进行试探性发掘；（3）从东方美术史的角度对敦煌千佛洞壁画进行调查。哈拉浩特遗址虽然已经被俄国的科兹洛夫、英国的斯坦因等人发掘过，但华尔纳对他于1913年访问俄国时参观过的科兹洛夫搜集品印象很深，总想再从该遗址找到一些美术品。1914年华尔纳曾经想从北京经库仑前往该遗址考察，但因第一次世界大战的爆发半途而废。此次华尔纳将哈拉浩特遗址作为他返回哈佛大学后要考察的第一个目标，应该说是有原因的。

华尔纳的主要目标是考察中国西北的美术品，而那里的美术遗物主要是壁画。所以华尔纳在考察前就决心，要为美国带回一批壁画标本。如果仿效斯坦因、科兹洛夫、勒考克等人用切割泥层的方法攫获壁画，在华尔纳看来是个过分沉重的负担。于是，华尔纳临行前，从跟随佛比斯专攻意大利壁画技法的哈佛大学青年美术助教丹尼尔·汤姆生（Daniel V. Thompson）那里讨得一个配方，想用化学药剂粘取壁画标本。

六
第一次福格中国考察队的初期活动

华尔纳和翟荫于 1923 年 7 月到达北京。他们在北京逗留期间,从燕京大学物色了一位名叫王近仁的学生,当考察途中的翻译兼事务员(秘书)。并且,华尔纳还按照哈佛大学的壁画剥离药剂配方,购买了化学药品。在美国驻华公使馆的宴会上,华尔纳结识了哈佛大学校友吉尔伯特(Mr. Gilbert)。该吉尔伯特曾两次去过中国西北,1914 年 8 月在甘州一带还与进行第三次中亚考察的斯坦因一起旅行过两天[1],对中国西北形势比较关注。吉尔伯特考虑到华尔纳一行拟取道军阀割据、匪患猖獗的河南、陕西一带前往甘肃,安全问题比较突出,于是出面给总部设在河南府(今河南洛

---

[1] Jeannette Mirsky, *Sir Aurel Stein: Archaeological Explorer*, Chicago and London: The University of Chicago Press, 1977, p. 372.

阳）的军阀吴佩孚写信，请求吴佩孚保护拟过境西去的考察队（插图38）。

1923年8月，华尔纳一行乘火车到达河南府。吴佩孚在自己的司令部接待并宴请了考察队，还安排考察队参观了龙门石窟。华尔纳曾于1913年参观过龙门石窟，他此次参观时认为"龙门石窟自从1913年以后受到了很大的破坏"[①]。随后，考察队前往陕西省西安府，由吴佩孚派出的军士将考察队护送到豫陕边界。到西安后，华尔纳给福格艺术博物馆购买并寄回了大约250件拓片和其他文物，其中包括端方旧藏多件。他还参观了碑林，并购买了一批拓片，包括著名的《大秦景教流行中国碑》拓片。1923年9月5日，考察队离开西安，9月12日进入甘肃省境内。9月13日早晨6时30分，华尔纳一行在泾州（甘肃泾川县）城西意外找到了王母宫石窟。王母宫石窟位于泾河和汭河交汇处的回中山（宫山）脚下，是北魏时期的一个中心柱式佛教石窟[②]。当日，华尔纳给妻子写信，要她将发现王母宫的情况转告给佛比斯和盛克斯，信中还写道：

① Theodore Bowie (Ed.), *Langdon Warner through His Letters*, p. 107.
② 甘肃省文物工作队、庆阳北石窟文物保管所合编《陇东石窟》，北京：文物出版社，1987年，第8—10页，图版第103—105幅。

插图 38　吴佩孚是当时美国人眼中的中国政治强人

今天是9月13日，我们在城外不远的一些岩石洞窟前停了下来（这种里面住人和牲口的洞窟，多得数不过来），时间是早晨6时30分。如果只从外表看，看不出有什么指望。但是，当我一看清它们的真实面目时，我就立即命令将闪光照明器材拿出来，并让大车回城去。有一个中心柱式大窟，属于六朝早期，可推测为北魏时期，虽然我以前并不知道北魏的势力早在这种雕刻出现时就已经达到这里。当然，该窟的大部分都被泥土覆盖着，但可以看到一尊巨像的头部和肩膀，它可以与你曾经看到过的属于这一时期的任何一件作品相媲美。此外，还有一些佛本生故事雕刻画面，即年轻的太子以剑劈树（释迦与诸释种试矸多罗树）和掷象（释迦与诸释种象技）的画面。如果我的记忆没有错的话，这两个故事表现的都是乔达摩婚礼上的游戏。据我所知，除了云冈石窟、巩县石窟和这些新发现的石窟外，中国不存在任何其他石刻佛本生故事。[①]

随后，华尔纳和翟荫立即对石窟进行了拍摄和测量工作（插图39、40）。两天后，华尔纳又给贝尔写信如下：

---

① 1923年9月13日华尔纳致妻子信，转引自 Theodore Bowie (Ed.), *Langdon Warner through His Letters*, p. 108.

插图 39　华尔纳考察队拍摄的王母宫石窟象洞中心柱一角细节

六　第一次福格中国考察队的初期活动 | 083

插图40　华尔纳考察队拍摄的王母宫石窟象洞中心柱西北角

中心柱的四个边上,各有一个大壁龛。在其上方,四个柱角上,各有一只大象的头和肩部无拘无束地突出来,托着宝塔。大象背后的柱顶,变成了八边形。当然,很多部分都已经被损毁了,更多的部位覆盖着泥土。但是我们放开胆子,剥掉了一部分泥层。……最精美的雕像,被埋在粪土和屋顶及墙壁上掉下的落石中,几乎堆到了它的肩部。想将它清理出来,需要花费几周的时间,因为只能允许两三个人同时工作。其面部未受伤,属于早期的那种楔形鼻、弓形眉优美类型,而且很大。……如果我的想法没有错的话,这一窟室应该与云冈石窟时代相同。……当然,这只是一个小发现,但我很高兴,因为其明显的早期年代,以及这里是一条传播出路这一事实。现在剩下来的,就是要阅读伯希和关于更靠西边的敦煌魏朝壁画的文稿了,然后确定它们的年代。我对中心柱以及四个角上的四只象也很感兴趣,据我所知,别处不曾出现过这类东西。[1]

华尔纳和翟荫在洞窟里还凿下一批石雕作品,其中有 8 件后

---

[1] 1923 年 9 月 15 日左右华尔纳致贝尔信,转引自 Theodore Bowie (Ed.), *Langdon Warner through His Letters*, pp. 108-109.

来被他们带回美国，收藏于哈佛大学福格艺术博物馆中①（插图 41、42、43、44、45、46、47、48）。

我们现在可以肯定的是，华尔纳一行是最早对王母宫石窟进行考察的外国人。当时，石窟内雕刻品虽然部分遭到毁坏，但大部分仍保护在泥土之下。而当北京大学陈万里于 1925 年 3 月随第二次福格艺术博物馆中国考察队来到这里时，他看到的毁坏状况已经是很严重的了，应该是华尔纳和翟荫在 1923 年留下的破坏痕迹。陈万里在 1925 年 3 月 23 日日记中记录道：

> 余等先至大佛洞，寺殿仅存破屋数间，已无僧居。洞内东西北三面均有造像。下层者悉毁损，碎石遍地，残破之造像触目皆是。殆有盗者为之毁坏欤？随拾一佛头，拟带还北京，以征盗者所为，固有意也。中心塔前面，大佛像尚存背光火焰及飞天种种雕刻，西侧较为完整。有石象及浅雕石刻绝美；同行者遂名此洞为象洞。②

此外，当陈万里结束这次考察东返途中，还于 1925 年 7 月

---

① 王冀青、莫洛索斯基《美国收藏的敦煌与中亚艺术品》，《敦煌学辑刊》1990 年第 1 期，第 122—124 页。
② 陈万里《西行日记》，北京：朴社出版，1926 年，1925 年 3 月 23 日条，第 34 页。

插图 41　华尔纳考察队盗劫的象洞石雕之一

插图 42 华尔纳考察队盗劫的象洞石雕之二

插图 43　华尔纳考察队盗劫的象洞石雕之三

六 第一次福格中国考察队的初期活动 | 089

插图 44 华尔纳考察队盗劫的象洞石雕之四

插图 45　华尔纳考察队盗劫的象洞石雕之五

插图 46　华尔纳考察队盗劫的象洞石雕之六

插图 47　华尔纳考察队盗劫的象洞石雕之七

插图 48　华尔纳考察队盗劫的象洞石雕之八

12日在王母宫石窟看到过华尔纳和翟荫留下的一些没有来得及带走的石雕。他在1925年7月12日日记中记录道:"先往河北王母宫,见有折断佛头三四,在瓦砾中,殆为夫己氏(指华尔纳)前次来游所留存者欤?是真可伤矣!"① 不过,值得一提的是,华尔纳当时将王母宫石窟断代为北魏洞窟,还是比较准确的,今天学术界仍无异议。还需要指出的是,由于王母宫石窟中心柱上有四只大象,华尔纳将该石窟定名为"象洞",该词至今仍被美国的有关著作沿用。

结束了在泾川一带的考察后,华尔纳一行继续西行,翻越六盘山,于1923年10月初到达兰州府。刚一进城,他们就遇到了麻烦。华尔纳在致岳母的信中叙述道:

晚上10时30分,我们到达甘肃省会兰州。行程15个小时,没吃没喝,还要不厌其烦地将大车和跛腿的骡子们从泥窟窿里推拉出来,因此劳累过度。我们自腰以下全是结成干块的黑泥巴,脱衣服时必须先用棍子将泥巴敲碎才行。正当我们将大车拉到客栈门前的时候,大兵们从黑暗中蜂拥而至,以地方行政长官的名义,强行征用我们的大车、车夫和骡子。我记得,我过去也曾经像红头大公鸡一样怒发冲冠过,于是我此时真

---

① 陈万里《西行日记》,1925年7月12日条,第120—121页。

正地大发了一通脾气。因为我知道，除此之外再也没有其他任何好办法。我揪住那个军士的领子，呼来我的秘书王近仁，然后踏着泥浆，冒着黑暗，前往行政长官的衙门。群龙无首的士兵们，垂头丧气地跟在后面。在衙门的门口，我竭尽全力地扯着嗓子喊叫着，然后呈上我的名片。长官阁下正在床上酣睡呢。那么就请告诉阁下吧，该起床了。阁下正在睡觉呢！那么请告诉阁下，再过一会儿，就有一个洋鬼子起来帮他穿衣服了！上面这些话，都是我用汉语说出来的。但后来我就结结巴巴了，得由王近仁翻译，因为我没词儿了。当我站在灯光下看着我的衣服时，我为这一场面的幽默而乐得流了泪。更让人逗乐的是，这时忠诚的翟荫也跟了进来，要为我壮胆。他的腰部以下沾满了稀泥，整个脸上都抹满了大块的黑泥。我们在长官那舒适的椅子上坐下，至少有20个衙役望着我们。长官入睡了。长官必须醒来。即便在此时此刻，长官也得穿上衣服来见洋鬼子。洋鬼子(看着他的手表)给长官5分钟的穿戴梳洗时间。

真是奇迹中的奇迹。5分钟后，行政长官露了面。我起身站起，通过王近仁，非常精确地解释了这绝不是礼节性拜访。我被一支无法无天的军队拘捕了，我的运输工具被充了军。我是来到他的这座伟大城市的游客，早就听闻长官以公正和聪明著称，将这座城市治理得井井有条。我还没有搞到吃的东西,我一直在欣赏着省城和其他地方的街景,已有 15 个小时。现在我来到这里,是想要一份书面保证,保证要留住自己的大车。

长官神经质地编织着他的手指头,把指关节掰得噼噼啪啪乱响。他说他是奉了甘肃省督军之命令,将兰州的所有大车都充公,划归正在派往北京的军队使用。接着,他简要地讲了一下他们国家首都的局势,而且还妄测哈定(Harding)不会当下届美国总统。我在整个这段时间里都瞪着他,我的一双人眼一直没有从他那流满汗水的额头上移开过。我不敢看翟荫,翟荫事后说,如果我看了他的话,我会破口大笑的。当长官一直滔滔不绝地说到无话可说的时候,我站起来说:看来不无遗憾,我明天早上必须向都督报告我被无礼拘捕(我忘了是我提着那个下士的脖颈来的)以及我的大车被强制充公这一不愉快事件,届时我会将吴佩孚大帅给我写的介绍信递交给都督。我一提吴佩孚的大名,长官突然之间差点把自己的手从手腕部位扭掉,立即答应释放我的大车,还要在我逗留兰州期间为我写一封证明信,末了还邀请我和翟荫住在他的衙门里过夜。我说请他不必操心,反正第二天见了都督时一切都会解决的,这让他多难受了一会儿。不过,我们还是和和气气地分手。两个士兵提着大大的官府红灯笼跟着我们归来,我们的大车也被释放了。假如我们在那里失去了我们的大车，那么我们就会永远地中止我们的行程。因为士兵们已经搜遍了整个乡间，没有人能够为了钱得到一辆大车。①

这封信的细节可以反映，1923年西北官府对待外国人的态度，还不像1925年以后那样强硬。

华尔纳一行在兰州逗留了4天，然后于1923年10月初离开兰州，经过甘州（张掖）到达肃州（酒泉）。他们在肃州拜见了肃州镇守使吴静山（桐仁），雇佣了一个周姓木匠做发掘帮工，然后经金塔县前往哈拉浩特。在金塔县，华尔纳从县城外一个寺庙里顺手牵羊，偷走一件青铜小佛像，使他后来在返途中遇到了很大的麻烦。

---

① 1923年10月初华尔纳致岳母信，转引自 Theodore Bowie (Ed.), *Langdon Warner through His Letters*, pp. 109−110.

七
华尔纳剥移敦煌壁画的理由

1923年11月13日,华尔纳一行到达哈拉浩特遗址。这里是华尔纳此次考察的首要目标,所以他和翟荫一到达这里,就开始进行发掘。1923年11月15日,华尔纳从遗址给贝尔写信说:

> 这地方本身是可爱的,其可爱程度超出了我所有的想象。城的周围是一片旷野,铺满了扁平的鹅卵石,绵延1英里左右,然后才是沙丘的开始。城墙庞大宽厚,并且备有大型的防御堡垒。中国其他地方的城墙,都用令人打心眼里看着不舒服的灰色黄土建成,而这里的灰泥明显地呈现出粉红色。日落与日出时分的光辉,简直可以说给这些城墙镀上了一层金色。当月亮出来时,又使得残垣断壁以及堡垒的漆黑影子与人们头顶上一大片

银色背景形成了强烈的对比。夜晚,野狼嚎叫,一直叫得我们驼队的狗快要变得发疯了。结冰的帐篷噼噼啪啪地飘甩着,骆驼在附近打着饱嗝发出哞哞的声音。当然,天气是寒冷的。大风吹起的沙子和尘土,扰乱着你的双眼和脸部。但是,除了在洗澡和刮胡子这些方面不方便外,我们并不觉得不舒服。①

华尔纳在同信中还介绍说,科兹洛夫、斯坦因等人已将遗址里的佛塔和壁画劫毁一空。

但是,华尔纳和翟荫还是抱着一线希望,在哈拉浩特发掘了大约两个星期,并且绘制了该遗址的平面图(插图49)。华尔纳在哈拉浩特遗址的发掘,所获文物并不多②。这使他确信,该遗址在经过欧洲人的大规模挖掘后,已无发掘前途,不值得美国哈佛大学加以考虑。于是,华尔纳和翟荫决定按照计划继续西进,前往下一个目的地敦煌。

1923年感恩节(11月22日)前,哈拉浩特一带下了一场大雪,气温骤降,翟荫双脚冻伤。当考察队离开哈拉浩特遗址不久,翟荫已经因脚冻伤而无法行走。于是华尔纳决

---

① 1923年11月15日华尔纳致贝尔信,转引自Theodore Bowie (Ed.), *Langdon Warner through His Letters*, p. 112.
② 王冀青、莫洛索斯基《美国收藏的敦煌与中亚艺术品》,《敦煌学辑刊》1990年第1期,第119—120页、第124页、第128页。

插图 49　在哈拉浩特遗址进行挖掘的华尔纳

七 华尔纳剥移敦煌壁画的理由

定,先护送翟荫去甘州,找名医高金城治疗。他们于 12 月 10 日到达甘州,请高金城给翟荫处理脚伤后,于 12 月 26 日离开甘州,前往敦煌。1924 年 1 月 4 日,他们到达肃州。但此时翟荫不但脚伤未好,又得了重感冒,已不能继续西行。于是华尔纳决定,让翟荫带着在哈拉浩特发掘出来的文物,先行辗转回国。而他本人则带领王近仁和木匠老周,继续西行。

华尔纳和翟荫于 1924 年 1 月 8 日分手,然后华尔纳一行于 1 月 21 日到达敦煌。当时,敦煌县长已经接到肃州镇、道两署的通知,次日宴请了华尔纳一行。饭后,华尔纳便迫不及待地动身前往莫高窟(千佛洞)。当华尔纳到达莫高窟时,守窟道士王圆禄恰好进敦煌城化缘去了,华尔纳一个人在洞窟里参观了一天(插图 50)。他在当日从千佛洞给妻子写的第一封信中说:

> 我和壁画一起待了漫长的一整天,这使我感到昏头昏脑、烦恼压抑。但我还是必须要在第一印象尚没有散失时,给你写这封信。首先要说的是,两年前曾经有 400 名俄国囚俘在这里住过 6 个月,他们对壁画进行了大量的、无可弥补的破坏工作。现在,再也拍摄不到当年斯坦因和伯希和所能够拍摄到的那些照片了。这里至少有一千个洞窟,其中四分之三里面存有壁画,并具有

插图 50　莫高窟的守窟道士王圆禄

一些有意义的和重要的东西。但是，到处都有用手指头挖掉的眼睛，或者是划着深深刻痕的脸。风沙的危害和许多世纪里来自自然力的危害，看来是不可避免的，也不太值得诅咒。至少它使所有的地方同样变得昏暗，并且不属于渎神行为。成排成排头饰华丽的女像并不注意你，但你却无法找到一个完整的头部。有一幅过去诸神崇拜菩萨的精美构图，其中还有一个美丽的舞女在菩萨面前的一块毯子上跳舞，但整个构图中却没有一个完整的形象。不时地，你可以在很多地方看到一张脸的局部，其眼神中透露出唐代气韵，绝不会有错。你还可以看到，一条飘带仍然被天堂的真气吹得迎风招展。我不知道，我曾经在何时如此大受感动过。这里是另一个鲁文，是骇人听闻的、不必要的战争后果。这些可怜的俄国人，是哥萨克和其他骑兵的残余势力，被迫越过中国新疆的边界，被总督缴了械，并被遣送到这里。他们的首领，在乌鲁木齐的一座中国监狱里，正濒临死亡或已经死去，外界没有人能够接近他。但是，一个俄国团队的番号被胡乱地涂画在这些美丽的脸庞上，一些斯拉夫语下流话从坐着讲授莲华法的佛陀的口中流出。……毫无疑问，许多洞窟和大量的雕塑可断代为六朝。这些洞窟有中心柱（为我们的理论欢呼！），有交脚佛，有楔形鼻，还有锥形长脖子，所有这些都是确凿的证据。……还有许多石窟,我对其完全迷惑不解。使用了大量的沉黑阴影,使得脸部肥胖臃肿。没有轮廓线条,虽然作品粗糙,但显得厚重并充满力量。它们使我略微想到吐鲁番,但是我承认我一点都不知道它们是早些呢还是晚些。……在同一类并且显然年代也相同的洞窟里,有用沉重的笔触渲染出来的恶魔,和这里的任何绘画一样有力量。但因为毁损太严重了,我怀疑是否照片能够将它们显示出来。它们更像是米开朗基罗的画,而不是中国的画。这些洞窟是否不属于六朝,我无法判定,因为我总是找到一些在雕塑上和《玉虫厨子》①上所常见的线条。毕竟,龙门的仕女行列图一点也不生硬和粗糙。……斯坦因认识的王道士出门进城去了,但今天晚上或者明天他就会回来。让我感到很高兴的是,在心理战打响之前,我可以一个人单独待一天。不用说,我就是折颈而死,也要誓死带回一些壁画局部。我的职责就是豁出命来,从这个很快就将要变成废墟的遗址中,尽自己最大的努力去挽救和保护任何一件东西以及每一件东西。很多世纪以来,这个遗址一直处于平稳安宁的

---

① "玉虫の厨子",日本奈良法隆寺藏7世纪佛龛绘画作品名。参见秋山光和著,常任侠、袁音译《日本绘画史》,北京:人民美术出版社,1978年,第11—12页。

状态，但是现在它的末日就在眼前了。①

最后两句话表明，华尔纳在到达敦煌莫高窟的第一天，就决心要剥离敦煌壁画。

数日之后，华尔纳给贝尔的信中，就敦煌美术品说了更多的细节：

> 还有另一种风格，其中的笈多成分是如此浓厚，足令你欢跳起来。菩萨具有天平时代（729—749）的胖脸和唐代的高髻大发。但是，那些较小的像（往往是半裸的）则完全是蓝、黑色的小像，就好像它们是从阿旃陀石窟飞过来的。它们和一个印度人挤在一起，完全不考虑构图结构及它们向上翘着的椭圆形脸，那脸看上去与波士顿美术博物馆的一块小残片有惊人的相似之处。但是，我还是坚信它们是唐朝的作品。另外一种风格，是非常纯正的和最强烈的唐代风格，用红色画成，没有轮廓线。从留下的仅有例子看，其尺寸都大于真人。……至于有什么特别的东西，您还记得弗利尔收藏的那幅可爱的宋朝《鱼篮观音图》吗？您还记得弗利尔收藏

---

① 1924 年 1 月 22 日华尔纳致妻子信，转印自 Theodore Bowie (Ed.), *Langdon Warner through His Letters*, pp. 115—116.

的《柳枝观音图》以及由狩野芳崖创作的那幅《观音图》吗？狩野芳崖的《观音图》上，画着观音手持长颈净瓶喷洒净水，其中的一滴水中可见新生婴儿。这些观音像的祖先，就在这些墙壁上，在可爱的白幔之中。她真是可爱，无疑是晚宋时期的作品。在宋朝的构图上，有牛车，有马，有干瘪的老和尚；日本的"卷物"（卷轴画）艺术家们，正是从这些构图中得到灵感的，并且对这些构图加以改进。肯定没有什么东西，能与鸟羽僧正的《斗牛图》相比较。但没有一幅保留下当年斯坦因和伯希和看到时的状况。许多人像都是一笔涂成单像，数量很多而且很优美。但没有一个像画有细节或局部，要么是还没有完成，要么是已经褪色。我一定要设法使自己能够带回至少一些片段。但是我怀疑是否能够做到。[①]

最后一句话再次说明，华尔纳时刻不忘剥离敦煌壁画的念头。关于华尔纳为自己寻找到的剥离敦煌壁画的理由，我们可以在这里替他归纳为以下两点。

第一点，是白俄军队对敦煌文物的破坏活动。俄国十月革命后，一支大约九百余人的白俄残余势力于 1920 年 9 月

---

① 1924 年 1 月 23 日华尔纳致贝尔信，转印自 Theodore Bowie (Ed.), *Langdon Warner through His Letters*, pp. 116-117.

逃窜到中国新疆省。新疆督军杨增新恐其日久滋事，在电请北京政府同意后，将其中原沙俄七河省军区中将司令阿年科夫及所部三百余人迁往甘肃。甘肃督军陆洪涛将这支残军安置在敦煌莫高窟，由敦煌县政府供养。阿年科夫所部迁居敦煌莫高窟后，在洞窟中生火造饭，许多壁画被熏黑，许多塑像被破坏，而且俄军士兵还在洞窟墙壁上乱刻乱画。数月之后，俄军破坏文物的活动被当地群众发现，引起他们的愤怒，他们向敦煌县署告发。当时驻扎在敦煌的肃州巡防第三营营长周炳南（字静山），出于保护文物之心，会同县署报请省政府，建议迅速将俄人迁出①。甘肃督军陆洪涛遂于1922年9月下令，将俄人解往兰州皋兰县阿干镇养寨村②。华尔纳到达敦煌莫高窟后，看到了俄人破坏洞窟文物的痕迹，也表示出愤怒之情。上引华尔纳致妻子信以及《在中国漫长的古道上》第14章的有关段落，可以表明这一点。但是，俄国人破坏敦煌文物的行径，无论如何也不能被美国游历者华尔纳用来作为进一步破坏的理由。

第二点，是所谓中国人已经对敦煌文物造成的破坏和将来有可能对敦煌文物造成的破坏。华尔纳在剥离敦煌壁画

---

① 师侃《最早保护敦煌文物的官员》，甘肃省文史研究馆编（王惠科、赵志凡、赵世英主编）《陇史掇遗》（萧乾主编"新编文史笔记丛书"），上海书店出版社，1993年，第127—128页。
② 师侃《俄将阿年科夫》，《陇史掇遗》，第25—26页。

前说：

> 至于这类旺达尔主义式的文物破坏的道德问题，我真想毫不犹豫地把这个地方剥得光秃秃的，一点都不剩。谁知道中国军队什么时候也会像俄国人那样驻扎在这里呢？更糟糕的是，每一个人都能预期到的穆斯林造反之前还会有多长时间呢？再过 20 年，这个地方将不值得一访。每一位进香的游客，都将他出身卑微的姓名胡乱涂写在这里，并且弹去一小块摇晃着的墙壁灰泥。所有的写本和绢画、纸画储藏品，看来在很久以前就被瓜分完毕了。斯坦因、伯希和、北京、甘肃总督和日本人未能获得的东西，又被县长知事们一件一件地得到。这些县长知事们的任职期限，也都不过是一年左右。每个县长知事，在他们任职的最后时刻，都要来拜访石窟，拿走一些珍贵的卷子。王道士承认尚遗留多少，他便拿走多少。这些卷子可以避水患火灾，可以带来福气。他们将这些卷子作为厚礼送给上级高官，或者将卷子卖掉，每个卷子可卖得数百两银子。[①]

[①] 1924 年 1 月下旬华尔纳致贝尔信，转印自 Theodore Bowie (Ed.), *Langdon Warner through His Letters*, p. 118.

我国人在清末民初时期对待文物的态度不够端正，这是不可否认的事实。但依据这一点推测将来的形势，为剥离壁画找理由，事实证明是完全站不住脚的。华尔纳在剥离了敦煌壁画后又说：

显然，必须获得这些壁画中的一些标本，为的是在自己的国家内进行研究。而且更重要的，是为了保障这些壁画的安全，以防止进一步的汪达尔主义式的破坏。几个月以来，我一直在心中反复思考着这个问题。……
……

我既不是化学家，也不是受过训练的绘画复原专家，只不过是一个具有积极的考古学道德心的普通人。我打算要做的事情，看上去属于亵渎神灵、盗窃圣物之类的勾当，而且成功的可能性也不大。但是，三个罗圈腿蒙古人的行为，驱使着我去这样做。他们在石窟外面从骆驼上滑下来，懒洋洋地走进洞窟，一边打着哈欠，一边礼拜。他们对着一个涂着洋红色脸颊和鬼蓝色头发的近代丑陋泥像，虔诚地祷告了很长时间，然后起身开始聚在一起聊天。这时，其中一位张开布满油污的大手掌，放在一幅9世纪的壁画上。当他说话时，将全身重量倚靠在这幅壁画上。另一位则溜达到画面跟前，一副懒散好奇的样子，用他的指甲盖在起皮的鳞状画面上剔来剔去。当他们通过窄小的甬道一哄而出时，他们穿的那令人作呕的老羊皮袄，在门口的一排神像上摩擦着。噫！那神像的中间部分已经荡然无存。过去，还不知道有几百只穿套老羊皮袄的肩膀和胳膊肘，在那里摩擦过。

这就够了！不管我出于虔诚心做什么样的实验，现在都找到正当理由了。[①]

三个"罗圈腿蒙古人"到莫高窟的正常拜佛活动，竟然也被自称为"具有积极的考古学道德心的普通人"的华尔纳当成了剥离敦煌壁画的理由，真是可笑！对于华尔纳，和对于近代其他外国考察家一样，欲取他家宝物，何患无辞？这是最清楚不过的一个例子。但无可辩驳的事实是，华尔纳早在旅行之前就早已经计划要在中国西北剥离壁画了，否则他从北京带来化学品做什么用？因此说，不论华尔纳为他剥离敦煌壁画找出什么理由，那理由都是在自欺欺人。

---

① Langdon Warner, *The Long Old Road in China*, pp. 141–142.

八 华尔纳剥移敦煌壁画的经过

华尔纳在王道士返回莫高窟后,立即就采集壁画事与王道士进行了交涉,并送了75两银子作为贿赂。根据王近仁后来告诉燕京大学教授洪业(煨莲)的情况看,华尔纳最初似乎是在夜深人静时偷偷摸摸地剥离壁画的(插图51)。美籍华人陈毓贤在《洪业传》中记述了一件事:

> 1925年一个深夜里,洪夫人及两个女儿都已上床睡觉。洪业接到一个电话,是他学生王近仁打来的,说:"我有要紧事得马上见你。"
>
> 为了不吵醒门房,洪业到四合院大门去等他,把他带入客厅。一进门,王近仁便在洪业跟前跪下,说:"洪科长,我是卖国贼,你得救救我。"
>
> 洪业对着他发愣,迟迟才说:"王近仁,站起来,

插图 51　燕京大学教授洪业

你不会是卖国贼,卖国贼是达官贵人才能做的,你是学生没资格卖国,你一定把自己估错了。"

王近仁流着眼泪跟洪业说,他前一年向燕京请假,替一个来自哈佛叫华纳的人当翻译员,又替他安排到西北探险。到了敦煌,他们在窑洞附近一个庙里住下,华纳说他要研究洞里的佛教古物。一天晚上王半夜起来,发现华纳不在,去找他,原来他在一个窑洞里,用布把一片壁画盖上,不知道在干什么。华纳看见王进来,吃了一惊,便要王替他守密,说这些壁画是很有历史与艺术价值的,但中国人对此类文物没兴趣,美国的诸大学却很想研究它,所以他正用甘油渗透了的棉纱布试验,看能不能把一些壁画搬回美国去。他说试验成功的话,就再回中国来,到时候又有差事给王近仁做。王近仁那时便猜疑这件事是不合法的,现在华纳果然又来了,还携带了一大帮美国人来。他们带了一罐一罐的甘油,无数巨卷棉纱布,王近仁深信他们要把敦煌壁画都偷走。

洪业听了不寒而栗,华纳的计划成功的话,中国最重要的历史遗址之一就全会被掠劫了。[①]

王近仁是在1925年华尔纳组织第二次福格艺术博物馆中国

[①] 〔美〕陈毓贤《洪业传》,北京大学出版社,1996年,第95页。

考察的前夕，将这件事告诉洪业的，所说应该可信。

华尔纳之所以要这样做，大概因为剥离壁画最初只是他和王道士之间的幕后交易，为了掩人耳目，只好夜晚行事。后来既然被王近仁发现，也只好以利劝诱王近仁保守秘密，王近仁自然也为剥离壁画事提供了协助。

关于华尔纳剥移敦煌壁画时使用的手段，王近仁告诉洪业说是用甘油加棉纱布，恐怕不会是这么简单。华尔纳在《在中国漫长的古道上》第14章中，介绍他的剥离技法时说：

> 德国人和英国人是从背部入手，将画有壁画的泥壁拿下，所以能够成块切割，可以保存画面的重要部分。但是，对于从石崖的内心部挖出来的石窟来说，问题就不那么简单了。
>
> 用泥和麦秸和成的土层，被涂抹在砾岩的粗糙表面上，厚半英寸至两英寸不等，上面再用刷子刷薄薄一层白灰。在这些白墙上，再用普通的水彩颜料画上壁画。我几次试图撬下最松动的脱落泥土层，但很快证明，用这种方法，我不能控制较大的彩绘泥墙片以保全较完整的画像或细部，即使使用锯子小心切割或用凿子敲出一个槽来也不行。剩下的办法，只有怀着恐惧和担忧的心情，试一试哈佛大学的博物馆专家们所推荐的技术了。这只是一个实验，成功的可能性好像只有百分之一。若出于普通的正义

心，我不应该在最伟大的艺术杰作上进行这种实验。不过，我也渴望着万一事情成功了做一个典型示范。

离开北京前，我按照化学家们的建议，为自己装备采购了大量的固着剂，用于紧固古代的颜料，这些颜料现在就如同黑板上的粉笔灰一样轻淡和易于被抹去。而且我还带来了配置可溶性基层的成分，当认为颜料已经牢固可靠之后，就必须在画面上施用这种可溶性基层。

……

……北京的一位化学家给了我一种无色的液体，我首先残忍地着手将这种液体涂抹在墙壁上，以固定正在脱落的颜料，然后再将加热了的糨糊状涂层抹在颜料层上。不过，这时出现了意想不到的困难。洞窟里的气温在零摄氏度以下，我一点都不能保证我使用的化学品能够在冻结之前渗透到墙壁灰泥里面去。后来的滚烫的糊状物，在变硬之前几乎不可能涂抹在垂直的墙面上。王近仁和苦力（老周）勇敢地坚守在火盆边上，火盆用来加热我的那些涂料。而我本人则冒着种种困难，抹刷这些涂料。滚烫的涂料滴滴答答往下掉，就好像滚热的蜜糖一样，掉在我上仰的脸上，掉在我的头顶上，掉在我的衣服上，最后把我的手指粘连成了一团。而此时，我正需要熟练地运用我具有的灵敏触觉呢。我首先在没有画壁画的墙壁上或画壁已不可救药的墙壁上做试验，试验结果说不上失败，也说不上成功。我必须再往前走一步，在真正的壁画上做试验，然后将揭下来的壁画运到坎布里奇，让我在福格艺术博物馆的朋友们将壁画从坚硬的涂层上挽救出来，如果真有这种可能的话。

我没有碰6世纪的作品，因为据悉其他地方不存在此类作品；我也避免触动最杰出的唐代作品。我选择了一些在部分毁损的组画中尚保存完好的唐代画像。这些作品虽然远远谈不上是当地最重要的作品，但它们肯定是我们在美国从来没有看到过的珍宝，甚至柏林也会嫉妒它们。在柏林有大量的壁画，是从新疆的泥墙上成方成块地锯下来的。

我从早晨到天黑，一共干了5天。而在5个夜晚，我都为自己的所作所为感到懊悔和自责。这5个夜晚充满着极度的绝望，但每天早晨又被困难所驱赶。结果是，一块块壁画残片被安全地包裹在毡布中，再用平木板夹牢，用绳子捆紧，准备旅行18个星期，用没有弹簧的颠簸大车、用火车、用轮船，一直运到哈佛大学的福格艺术博物馆。①

华尔纳在敦煌莫高窟一共逗留了10天（一说7天），其中的

---

① Langdon Warner, *The Long Old Road in China*, pp. 141–143.

5 天便用来剥离敦煌壁画。

除了剥离敦煌壁画之外，华尔纳在最后还从敦煌移走了一尊彩塑像（插图 52）。他在《在中国漫长的古道上》第 14 章中说：

> 再过几个星期，当地的塑匠就要从城里来到这里，进行一年一度的大规模旺达尔主义式破坏。虽然我将一个邪恶念头一拖再拖，但我现在终于意识到，我必须鼓足勇气，试图从这塑匠的泥刀和颜料盒下，拯救出至少一件泥塑品。
>
> 我用热糨糊从王老道的画壁上将艺术杰作粘去，王老道并不认为有什么不妥。当我解释说，我希望能在那肮脏的炊饮窟里找一块壁画，王老道面带讥笑。虽然如此，王老道其实在这件事情上显得比我要豁达得多。但塑像的情况就不同了，这些塑像似乎是他的骄傲。他花了好几个月的时间，从一个绿洲走到另一个绿洲，沿街化缘，乞讨来的钱，都用来做塑像。而现在，来了一个发疯的洋鬼子，虽然给了一笔可观的礼金，也竟然想拿走一件塑像。他建议说，在城里留几天，就可以从他雇佣的塑匠那里订做一件塑像，何必找麻烦花运费呢。他甚至还建议说，等到了北京，再找大城里的匠人做一件塑像，不是更好吗。他的建议固然有理，但我坚持说，

插图 52　华尔纳雇民工从莫高窟 328 窟搬走一尊彩塑供养菩萨像

我更喜欢他的庙里供奉着的一尊像。最后我们达成妥协：我答应只拿走一件又古又旧的、失去光泽的塑像，绝不拿他最近才花钱做好的美术品。这一妥协方案，使他大感宽慰。①

华尔纳于1924年1月下旬给贝尔写的信中附记道：

又及：到了最后，幸运之神又重重地拍了我一下，让我得到了按原状保存完好的少数几件唐代雕塑中的一件。它高3.5英尺，一腿跪地，双手（修复过）在脸前合掌膜拜。色彩严重褪去，但我怀疑它是否曾被重新涂过色彩。为了拿走这座像，我不得不毁去基座，但保住了放在较低部分的莲花瓣，其余部分仅仅是一个锥形物。我想您会赞成的。我一获得许可，便毫不犹豫地立即将该像取了下来，因为再过20年后，一切都将会化为乌有。唯一成问题的是，如何包装它们，并安全地把它们送回家。容易破碎的、没有焙烧过的泥土和石膏粉，非常娇气。②

---

① Langdon Warner, *The Long Old Road in China*, pp. 143–144.
② 1924年1月下旬华尔纳致贝尔信，转印自 Theodore Bowie (Ed.), *Langdon Warner through His Letters*, p. 117.

华尔纳在剥离敦煌壁画、移走敦煌彩塑时，大概没有想到，他的这一举动此后令中国人民愤怒不已，也使他被中国人民永远地钉在了耻辱柱上。

众所周知，近代外国人在中国新疆、甘肃等地进行考察时，绝大多数人都曾从石窟寺、庙堂遗址中剥移过壁画，譬如斯文·赫定、斯坦因、伯希和、勒考克、鄂登堡、科兹洛夫、特林克勒尔（Emil Trinkler）等。他们在剥移这些属于不可移动文物的壁画时，总是要找到种种借口，打着拯救保护壁画的幌子。今天人们回过头去看，那些借口当然都是些自欺欺人之谈。中国的敦煌学家们，尤其对剥移敦煌壁画的行为感到愤怒。因为近现代敦煌的社会背景、民俗宗教情况，毕竟和新疆有所不同，根本不存在任何剥移敦煌壁画的正当理由。不管是外国人，还是中国人（如王道士、张大千等），一旦有剥移破坏敦煌壁画之嫌，就永难洗清自己的名声。迄今为止，中国敦煌学著作中，一般均误认为华尔纳是唯一剥离过敦煌壁画的外国人。因此，敦煌画壁上遗留下来的片片"天窗"，都成了华尔纳的罪状。华尔纳之所以在来过敦煌的外国人中声名最恶，恐怕与此不无关系。

九 华尔纳剥移敦煌壁画的数量

在本小节，我们想专门谈一谈华尔纳剥离敦煌壁画的数量问题。华尔纳从敦煌剥移走多少幅壁画，历来说法不一。最早记录华尔纳剥离敦煌壁画数量的人是陈万里，他在《西行日记》1925年5月10日日记中记录道：

> 翟荫君在肃州复新雇一周姓木匠，同人咸呼之为老周。老周前年曾随华尔讷、翟荫二君，赴肃州北黑城子及敦煌佣工数月。今日告我，华尔讷君在敦煌千佛洞勾留七日，予道士银七十两，作为布施。华以洋布和树胶粘去壁画得二十余幅，装运赴京，周之助力独多，特附记于此。[①]

[①] 陈万里《西行日记》，1925年5月10日条，第81页。

华尔纳本人在1926年出版的《在中国漫长的古道上》一书第15章中,记录他从中国西北带回的文物时说,他拿走了3方壁画:

> 和我们预料的相反,我们经过8个月的侦察旅行,为学院带回了一些有形的成果。其中有来自敦煌的唐代泥塑像和3块壁画片段,还有哈拉浩特出土的漂亮铜镜和彩塑泥像,还得到了主要出自西安府的一大批古代碑铭石刻拓片。泾州象洞为我们提供了至少5件石刻头像和一件优美的残体躯干,它们从原来的位置上断裂掉下,被我们仔细挽救。①

华尔纳本人在1926年12月26日致斯坦因信中也说:

> 因此,我就说服您的老朋友王道士,使他允许我剥下来3方唐代壁画残片,并移走一尊彩塑泥像,我对此毫无良心上的谴责。关于那尊彩塑泥像,我最近已经著文发表,并且将一册论文给您寄到大英博物院。我剥下来的壁画残片大小不一,大者长两英尺(1英尺等于30.48厘米),小者长半英尺,是从已经部分被毁损的

---

① Langdon Warner, *The Long Old Road in China*, p. 146.

画壁上挑选的。我相信,无论是您,还是您的保护神玄奘,都不会怪罪我的汪达尔主义行为。①

华尔纳自称剥得3方壁画,肯定有所隐瞒,因为在1936年夏季出版的《哈佛大学福格艺术博物馆馆刊》之"哈佛大学校庆300周年纪念专号"(第5卷第3期)上,华尔纳发表了一篇题为《福格艺术博物馆东方艺术部》的文章,其中改正了的说法:

> 我们在北京购买了一颗大石狮子的头,断代为公元4世纪。福格艺术博物馆中国考察队一返回美国,我们就能将那件重要的、与真人一样大小的、获自敦煌石窟的佛教彩塑神像安装布置起来。而且,我们还从敦煌获得了几方独一无二的8世纪壁画断片,以及半打(6幅)早期壁画样片,它们是被购买得到的,或者是别人送给我们的。这些壁画丰富了我们的绘画收藏品。②

---

① 1926年12月26日华尔纳致斯坦因信,藏牛津大学包德利图书馆(以下简称"牛包图"),斯坦因手稿第111号,第138—141张。
② Langdon Warner, "The Department of Oriental Art", *Bulletin of the Fogg Art Museum Harvard University*, Tercentenary Number, Vol. V. No. 3, Summer, 1936, p. 47.

话句虽然模糊，但"几方"唐代壁画，再加"半打"早期壁画，显然不止3方。

1955年，常书鸿在《警告霍雷斯·杰尼和他的主子们》一文中揭露说：

> 对于敦煌文物工作者和敦煌县人民来说，美帝国主义分子劫夺文物的无耻罪行是知道得最清楚的。众所周知，敦煌文物近五十年来曾经受到帝国主义者不断的劫夺，其中最卑鄙最无耻的一个，就是一九二四年到敦煌劫夺了千佛洞唐代彩塑和壁画，因而获得华尔街老板们的青睐，换得了剑桥哈佛大学伐格博物馆馆长的南陀·华尔纳。[①]

常书鸿在注释1中，解释华尔纳剥离壁画事时统计道：

> 据不完全的统计，一九二四年华尔纳在千佛洞用胶布粘去与毁损的初、盛唐石窟壁画，计敦煌文物研究所编号第320、321、323、329、331、335、372各窟壁画二十六方，共计三万二千零六平方公分。其中初唐画

[①] 常书鸿《警告霍雷斯·杰尼和他的主子们》，《文物参考资料》1955年第8期，第3页。

有汉武帝遣博望侯张骞使西域迎金佛等有关民族历史与中国佛教史等的重要故事内容的壁画多幅，及328窟通高120公分盛唐最优美的半跪式观音彩塑等数尊，这批赃物现藏美国剑桥费城伐格博物馆。①

常书鸿与陈万里的说法基本上相近。陈万里所说二十余幅是从曾帮助华尔纳剥壁画的周某处听到的，常书鸿所说的26方是在洞窟里统计出来，应该说都是有所根据。但是，这个数目与今天一般所知的华尔纳剥移敦煌壁画数目相差甚远。

1966年波威在《通过信件看到的兰登·华尔纳》一书中说，华尔纳剥移了12幅壁画②，而且还提到"12幅敦煌壁画残片中的11幅经过处理修复后又完全重现光彩"③。1977年波威在《兰登·华尔纳》一文中又说"华尔纳带回了12幅壁画残片和一尊彩塑跪拜菩萨像"④（插图53）。波威根据信件研究华尔纳，所说应当也是有依据的。后来英国人彼得·霍布刻克（Peter Hopkirk）在《丝绸之路上的洋鬼子》一书中说

---

① 常书鸿《警告霍雷斯·杰尼和他的主子们》，《文物参考资料》1955年第8期，第3页。
② Theodore Bowie (Ed.), *Langdon Warner through His Letters*, p. 117.
③ Theodore Bowie (Ed.), *Langdon Warner through His Letters*, p. 121.
④ Theodore Bowie, "Langdon Warner (Aug. 1, 1881–June 9, 1955)", *Dictionary of American Biography*, Supplement Five, 1951–1955, New York: Chales Scribner's Sons, 1977, p. 729.

126 | 华尔纳与中国文物

插图 53　华尔纳所劫莫高窟 328 窟彩塑供养菩萨像，6 个不同的角度，现藏哈佛大学艺术博物馆，1924.70 号

"华尔纳设法剥移下来 12 幅尺寸不大的壁画"，而且"12 幅壁画中的 11 幅最后获救"[1]，大概是采用了波威的说法。

日本学者秋山光和曾于 1966 年、1968 年和 1972 年三度访问福格艺术博物馆，调查所藏敦煌壁画。据他的调查报告《唐代的敦煌壁画——以福格艺术博物馆藏断片为中心》[2]和《敦煌壁画研究的新资料——罗寄梅氏摄影照片和福格、爱尔米塔什两美术馆所藏残片之探讨》[3]披露，当时福格艺术博物馆的流水底账上记录了 11 幅，其中 4 幅公开展览，另有 7 幅在地下室仓库中保管。

1988 年，美国学者苏珊·莫洛索斯基（Susan E. Mrozowski）帮助我去福格艺术博物馆调查华尔纳所获敦煌壁画，调查到 10 幅（秋山光和先录第 8 幅或后录第 6 幅除外）[4]，情况大致相同。因此看来，华尔纳剥移了 12 幅壁画，最后保

---

[1] Peter Hopkirk, *Foreign Devils on the Silk Road: The Search for the Lost Cities and Treasures of Chinese Central Asia*, London: John Murray, 1980, p. 221.
[2] 秋山光和「唐代の敦煌壁畫——フォッグ美術館所藏の斷片を中心に」，佛教藝術學會編『佛教藝術』第 71 號，每日新聞社刊，1969 年 7 月，第 78—95 頁。
[3] 秋山光和「敦煌壁畫研究の新資料——James Lo 氏攝影寫真とフォッグ、エルミタージュ兩美術館所藏斷片の檢討」，『佛教美術』第 100 號，1975 年 2 月，第 77—93 頁。
[4] 王冀青、莫洛索斯基《美国收藏的敦煌与中亚艺术品》，《敦煌学辑刊》1990 年第 1 期，第 116—128 页。

存下来 11 幅，似乎是定论了。那么，怎样解释 12 幅和 20 多方之间的差异呢？我们怀疑有两种可能：一是华尔纳在剥离壁画时实验了 20 余幅，但成功剥下并带回美国的 12 幅；二是陈万里、常书鸿等人记录被剥壁画数目时，有可能将其他外国人剥离的敦煌壁画也算在了华尔纳的账上。其中第一种可能性大一些（插图 54、55、56、57、58、59、60、61、62、63、64）。

我们今天可以肯定，剥离敦煌壁画的外国人绝不止华尔纳一人。据我们所知，19 世纪来敦煌莫高窟访问的早期外国考察队，还没有想到干剥移壁画之类的勾当。1907 年斯坦因初访问莫高窟时，也不曾剥移壁画。第一个剥离敦煌壁画的外国人，是 1908 年访问敦煌的伯希和。斯坦因第二次访问敦煌莫高窟时，于 1914 年 4 月 3 日写的日记中记录道：

> 我遗憾地发现，由于有人企图割去一个妖怪的形象，那幅有无马大车等等场面的大壁画（千佛洞第 8 号洞窟）已被损毁。王道士指名点姓，说做这种事的人乃是伯希和。从列队菩萨的壁画上，一长条一长条的画面被割去，以至暴露出底下一层壁画画面上的题记栏，这

九 华尔纳剥移敦煌壁画的数量 | 129

插图 54 华尔纳剥移的莫高窟 329 窟壁画,现藏哈佛大学艺术博物馆,1924.40.1 号

插图 55 华尔纳剥移的莫高窟 323 窟壁画，现藏哈佛大学艺术博物馆，1924.41 号

插图 56 华尔纳剥移的莫高窟 320 窟壁画,现藏哈佛大学艺术博物馆,1924.44 号

插图 57　华尔纳剥移的莫高窟 329 窟壁画，现藏哈佛大学艺术博物馆，1924.42 号

九 华尔纳剥移敦煌壁画的数量 | 133

插图 58 华尔纳剥移的莫高窟 335 窟壁画,现藏哈佛大学艺术博物馆,1924.47 号

插图 59　华尔纳剥移的莫高窟 335 窟壁画，现藏哈佛大学艺术博物馆，1924.46 号

九　华尔纳剥移敦煌壁画的数量　｜　135

插图 60　华尔纳剥移的莫高窟 321 窟壁画，现藏哈佛大学艺术博物馆，1924.161 号

插图 61　华尔纳剥移的莫高窟 321 窟壁画，现藏哈佛大学艺术博物馆，1924.47.A 号

九 华尔纳剥移敦煌壁画的数量 | 137

插图 62 华尔纳剥移的莫高窟 320 窟壁画,现藏哈佛大学艺术博物馆,1924.43 号

插图 63　华尔纳剥移的莫高窟 323 窟壁画,现藏哈佛大学艺术博物馆,1924.40 号

九　华尔纳剥移敦煌壁画的数量　｜　139

插图64　华尔纳剥移的莫高窟323窟壁画（下）及其原来位置（上）

些肯定也是伯希和干的。①

以前人们并不知道伯希和有剥移敦煌壁画的行为，幸亏斯坦因的私人日记里做了记录。

据秋山光和说，俄国人鄂登堡在敦煌考察时，也从莫高窟剥移壁画十几幅，后藏圣彼得堡（列宁格勒）爱尔米塔什博物馆东方部②。斯坦因还听说过日本人剥移敦煌壁画之事，1924年11月28日美国波士顿富商兼哈佛大学校董卡尔·凯乐（Carl T. Keller）致斯坦因信中说："他（华尔纳）向我展示了一些（敦煌壁画）照片，从上面可以看出某人试图用凿子将一些壁画凿下来的痕迹，我猜是小日本干的，您向我提到过他的所作所为。"③斯坦因看到其他人剥移敦煌壁画后，也加以效法，在1914年4月间剥移了一批敦煌壁画，详细情况记载于斯坦因的第三次中亚考察期日记中。

我们举出伯希和、斯坦因等人剥移敦煌壁画的行为，并不是要为华尔纳解脱罪名，只想说明华尔纳的行为不过是步

---

① 斯坦因1914年4月3日日记，藏牛包图，斯坦因手稿第204号，第304—354张。
② 秋山光和「唐代の敦煌壁畫——フォッグ美術館所藏の斷片を中心に」，『佛教藝術』季刊，第71號，1969年7月，第78—95頁。
③ 1924年11月28日凯乐致斯坦因信，藏牛包图，斯坦因手稿第89号，第19张。

他人后尘而已。我们在谴责外国人剥移敦煌壁画行为时，对这些人应该同样评价。他们的不同之处是，伯希和、斯坦因等人用刀、凿剥移，而华尔纳则首次将哈佛大学化学系和福格艺术博物馆发明的最新科学技术用在了剥移敦煌壁画上。哈佛大学此后一直在研制这种壁画剥离法，后来斯坦因进行第四次中亚考察时，也曾试图运用这种方法。

十
华尔纳盗窃金塔佛像案

华尔纳和翟荫在第一次福格艺术博物馆中国考察过程中，为哈佛大学从中国西北获取了一批文物，同时也第一次领受了中国人民反对外国人擅自攫取文物的力量。早在1923年10月底或11月初，当华尔纳去哈拉浩特途经金塔县时，曾与该县县长交游，并在县长兄弟的帮助下，拿走了当地寺庙里的一件小青铜佛像。华尔纳对这件事自述道：

> 我们在现今的（金塔）城外驻足，目的是看看金塔，该城因此而得名。他们（县衙门的人）告诉我们说，从前塔的穹隆顶上覆盖着一层纯金，而不是像现在看到的那样是一层黄漆。可是，来自我们光荣国度的那个人竟跑到这里，将金子给揭走了。这种说法好像有点不公平，因为几乎可以肯定的是，以前从未有过美国人踏足

于此地。建筑物看上去只有几百年的历史，但地基无疑是古代的。在近代修筑的神坛上，有一些劣质的泥像。当我在其中看到了一件7-8世纪的小青铜佛像时，我更加相信该寺始建于古代这一点。在北京的古董店里，有数以百计的这类不很重要的小像在出售，但这是我看到的第一件处在原来位置上的小像。这是预示着未来工作顺利的好兆头。所以，当县长的兄弟将这个小像掰下来硬要塞到我的怀里作为礼物时，我只是半推半就地扭捏一番而已。假如我能预感到这小像后来要给我们造成麻烦的话，假如我能预知这小像在结束它的长途旅行后、重新回到它那悲惨的环境之前曾差点打乱我们的全盘计划的话，我当初真应该坚辞不受。①

据华尔纳说，这位金塔县县长是满族人，与下属官员和当地人民向来不和，而且即将去职他赴。所以当华尔纳离开金塔县后不久，县署内的反对派和当地农民便将即将离职的县长截留了至少两个星期，并给兰州的甘肃省督军打电报，通报县长纵容华尔纳一行偷盗铜佛像之事，请求下令堵截华尔纳和翟荫，追回文物。

兰州府尹首先奉命在兰州堵住了提前东返的翟荫，又

---

① Langdon Warner, *The Long Old Road in China*, pp. 75–76.

给肃州镇、道两衙门打电报，要求在肃州堵截华尔纳。翟荫被扣留后，为了自己脱身，供认铜像在华尔纳手上，并给华尔纳在安西的通讯地址打了一份电报，给他在肃州的通讯地址写了两封信，汇报情况。而肃州道台在收到兰州官府来电后，也派人在肃州侦访，堵截住了东返的华尔纳，要求华尔纳交还文物。华尔纳在肃州被扣留时，给他的妻子写信中叙述说：

我正打算离开客栈，一个个士兵每人手提一只大红灯笼鱼贯而入。领头的那位坐在泥火炉的边上，抽着一支烟，态度极为蛮横。在安西的时候，我收到翟荫在兰州府知事的要求下给我打来的一份电报，要求我将一件六朝小青铜像送回金塔县（从此向北的一个绿洲，经过去哈拉浩特的道路）。我曾经对这件小青铜像感兴趣，于是金塔县县长的弟弟便将它从庙坛上掰了下来，送给了我。幸好我没有亲自去拿它，我说明当时我并不愿意去拿它。金塔县打电报，让在兰州捉拿我，翟荫又将电报打回安西。而现在，肃州道台也派他的奴才来了。这家伙对待我，就像是对待贼一样，还说我最好乖乖地将东西交出来，否则他们将给大使打电报。我告诉他说，我已经打电报说了，我要将东西通过邮寄的方式交还。尽管如此，这厮还是坐在我的火炕上，无休止地谈呀谈。最后我告诉他说，我很忙，他可以改时间再来。费了好一阵工夫，才将这厮打发走。明天我将立即去镇台那里，将这件小青铜像转交给他，并谴责道台的命令和他的传令人。这是我第三次与道台的奴才或道台本人之间产生麻烦了。上一次的情况是，我去拜访他的衙门，但他的看门人如此无礼，我连名片都没有递，转身就走。幸好镇台是一位可爱的老人，我们曾经在一起吃过饭，还在一起喝过酒，一共有好几次呢。所有这些都表明，为什么人在这里走路时一定要当心，在身后的回路上留下朋友又是多么地有价值。我过去牢牢地记住了这一点，因此现在终于派上用场了。引起所有这些争吵的小铜像，不过4英寸高，是这种类型的小像中最差的一种。我之所以对它感兴趣，那是因为它是我曾经见过的第一件也是唯一一件放在古玩店之外的小像。它站立的那个庙，又位于去哈拉浩特（黑城）道路上的一个古遗址上。现在，我为我自己是如此高尚正直的一个人，而感到双倍地欣慰。镇台将会让一切都变得好转起来，我不必非要去和道台或者他手下那帮无礼之徒打交道。①

---

① 1924年2月初华尔纳致妻子信，转引自 Theodore Bowie (Ed.), *Langdon Warner through His Letters*, pp. 118–119.

华尔纳在同一封信中，又附记了一部分，署期"第二天"，继续讲这件事：

> 我刚刚收到翟荫从兰州写给我的一张便条，上面用长长一段话解释了小青铜像一事。他一直被挡住了去路，虽然实际上还算不上是被逮捕。看来，他们真想搜查那几只装有哈拉浩特（黑城）发掘成果的箱子，虽然他们并没有这样说。官吏故意跟翟荫闹别扭，已经将翟荫耽搁了好长一段时间了。幸好，翟荫得到了在兰州的善良的外国人们的建议和帮助。翟荫耍了个花招，将这件事搪塞过去，而他的行李也没有让打开。他说，谁要想打开行李，就得在他的尸体上干。今天早上，我将要去镇台那里，归还青铜像，幸运的是我仍然带着它。这青铜像高4英寸，支架的两条前腿已经折断，你知道这类没有什么特色的六朝和唐朝的玩意儿。西安以西的中国人，绝没有谁肯掏10分钱买它。这是我们的第一次政治困境，我不知道怎样才能躲过去这样的困境。我彻头彻尾地发疯了，翟荫比我疯得更厉害。他们告诉翟荫说，他必须待到事情水落石出时才能离开。因为他们担心，在翟荫跳出搜寻范围之后，我也会说小青铜像是翟荫拿走了。
>
> 附记。我刚去镇台那里，我的口袋里装着那只小青

铜像。镇台完全了解整个事情的经过,并且偏袒着我。当他们要求镇台派一个人去阻拦我时,镇台直截了当地告诉他们说,他绝不会做这种事情。但是,他将会让他们知道我何时进城,届时他们可以派那个将小青铜像送给我的人来,再将它要回去!因此说,毕竟中国人中间还是有一些正派人的。当镇台看到这件小青铜像时,他不禁大吃一惊,人们吵吵闹闹,原来就是为了这么一件太不起眼的小玩意儿。接着,我们坐下来吃了一顿仓促之间准备的午饭,配有三星白兰地,有罐头装的腌牛肉,以照顾我的外国口味。在我们吃饭的时候,有人报信说,道台已经告诫客栈的老板,不要让我们离城。你应该看一看镇台是怎样发脾气的!刹那间他就变成了一位老骑兵,怒气冲冲地喊出一道命令说:道台应该受到惩戒,去告诉客栈老板说,要像对待贵宾那样善待我们。再来点三星啤酒吧,还有火腿和蛋;再来点三星啤酒吧,然后送给我一幅西藏绘画作为礼物。镇台陪我走了很长的一段路,穿过画着龙虎和真人大小门神的四对大门,一直走到大车旁。最后镇台对我说,他明天要来回访我。在最需要面子的地方,这将给我带来面子。如果再多一些这类争吵,那么中国人将会像对待那些穿过他们的国境线逃难而来的可怜的俄国人那样对待我。我离开衙门后,又去了电报局,给兰州的邮政局拍了一份电报。在这场纠纷中，他们曾经帮助过翟荫，应该让他们知道青铜像已经归还。那里的人们对于这件事一清二楚，立即询问我是否已将它交回。同时，镇台不仅给我写了一张收据，而且还给兰州的镇台发了一份官方电报。电报中说，现在青铜像已经在他的手中。明天，衙门要派一个人骑着马去一百多英里开外的金塔县，将这件青铜像重新安放在原来的那间摇摇欲坠的破庙中。这件青铜像将在那里等待着下一个想要得到它的中国人来将它掠走，要不然它就会落在地上的马粪中，永远地丢失掉，再也找不回来了。写到这里时，我让一支武装卫队和道台的名片给打扰了。应该给他点严厉惩罚！我说我不在家。那将会给他一两点教训的。而且王近仁也外出了，我无法单独与他交谈。在我这头，事情也许已经了结了，但我很想知道翟荫的遭遇如何。此时，他一定是离开兰州了，要不然的话，我应该接到他发来的电报。现在，他正在路上，再也不能被追赶上了。[①]

在肃州镇守使（镇台）吴静山的斡旋下，华尔纳盗拿金塔县青铜佛像一案最后不了了之。

---

① 1924年2月初华尔纳致妻子信，转印自 Theodore Bowie (Ed.), *Langdon Warner through His Letters*, pp. 119-121.

金塔县的铜佛虽然被追交还，但由翟荫押送的哈拉浩特文物和由华尔纳携带的敦煌文物，却没有被发现。翟荫和华尔纳都是经过兰州、六盘山、泾川县象洞、西安等地返回北京的。翟荫首先回到美国，华尔纳几个星期后也回到了美国。他们从中国带回的文物、照片等等，也被安全地运回美国。

关于第一次福格艺术博物馆中国考察，华尔纳在美国发表的旅行游记和报告书比较多。在考察期间及考察结束后不久，华尔纳首先将考察游记陆续寄回，连载于1923年至1925年间出版的《世界作品》杂志上，题为《在土匪猖獗的中国西部寻找最早的艺术珍宝》[1]。1925年，华尔纳还将同一次经历写成《在土匪横行的中国西部追寻艺术探险记》，连载发表在《今日世界》杂志的第45卷和第46卷上[2]。在1925年4月出版的《福格艺术博物馆纪要》第2卷上，华尔纳还发表了《1923年至1924年的中国考察》一文[3]。在1926年出版的美国《美术研究》杂志第4卷上，华尔纳发表了《来自

---

[1] Langdon Warner, "Amid Western China's Bandits in Search of Earliest Art Treasures", *The World's Work*, 1923−1925.
[2] Langdon Warner, "Adventuring after Art in Bandit-ridden Western China", *World Today*, Vol. 45, May 1925, pp. 473−484, 562−572; Vol. 46, August 1925, pp. 690−693, 777−787.
[3] Langdon Warner, "Chinese Expedition, 1923−24'", *Fogg Museum Notes*, Vol. 2, April 1925, pp. 2−18.

敦煌的一件 8 世纪塑像及其在中国、日本的同类作品》①，讨论他从敦煌带回美国哈佛大学的彩塑像，可算是他的第一篇敦煌艺术专题研究论文。华尔纳就这次考察撰写的主要旅行报告书，即本书所说的《在中国漫长的古道上》，1926 年由纽约州花园城的达伯带·佩奇出版公司出版，1927 年由伦敦阿罗史密斯出版公司再版②。全书共 168 页，分 15 章，附插图照片 25 幅，地图 3 幅。

---

① Langdon Warner, "An Eighth Century Statue from Tun Huang with Chinese and Japanese Parallels", *Art Studies*, Vol. 4, 1926.
② Langdon Warner, *The Long Old Road in China*, Garden City, New York: Doubleday, Page & Company, 1926; London: Arrowsmith, 1927.

十一 第二次福格中国考察队的组建

华尔纳领导的第一次福格艺术博物馆中国考察,原本是想为哈佛大学侦察一些可供将来考察发掘的目标。但他却意外地给哈佛大学的这个小博物馆带回了一批特殊的美术品,尤其是当时被认定为中国境外仅有的一批敦煌壁画和彩塑艺术品。在敦煌的"收获",使华尔纳将敦煌确定为哈佛大学今后研究与考察的重点。他在结束考察后认为:

> 虽然奥莱尔·斯坦因爵士和伯希和教授已经从敦煌拿走了大量的东西,虽然伯希和的书中对敦煌壁画的照相复制具有头等的重要性,但是还有一千个问题尚无答案。
>
> 哈佛大学必须再次派人去那里,这次应该派一支装备精良的考察队,配备有全套的照相器材,再配置若干

人手，以协助研究我心中产生的各种问题。①

此外，甘肃泾川县一带的石窟群，也被他列为将来的考察重点。

佛比斯和盛克斯以及福格艺术博物馆的主要赞助人也认为，第一次考察是成功的。他们认为，壁画、彩塑、石雕等类型的收藏品，一定会提高福格艺术博物馆在美国的地位。于是，当华尔纳于1924年返回美国后不久，他们便决定委派华尔纳组建第二次福格艺术博物馆中国考察队。

第二次福格艺术博物馆中国考察队的首要目的，是为敦煌壁画进行大规模的摄影，并将华尔纳于1924年在敦煌莫高窟仔细研究过的一个西魏石窟（即伯希和编120N窟，现敦煌研究院编号285窟）的壁画全部剥离下来，带回美国哈佛大学。其次，考察队计划沿途对泾川县象洞（王母宫石窟）进行拍摄与研究。因此，队员中必须包括一名负责敦煌壁画摄影工作的专业摄影师，和一名负责敦煌壁画剥离技术的壁画专家。

华尔纳组建的第二次中国考察队由6人组成，华尔纳任考察队队长，老队员翟荫负责协助华尔纳管理考察队事务。除此之外，又物色了4名新队员。其中，擅长摄影的康奈尔

---

① Langdon Warner, *The Long Old Road in China*, p. 147.

大学毕业生理查德·时达（Richard Starr）担任壁画摄影工作，曾经为华尔纳提供剥离敦煌壁画用化学品配方的哈佛大学美术助教汤姆生担任壁画剥离工作，哈佛大学美术助教溥爱伦（Alan Priest）协助壁画研究工作，哈佛大学医学院进修生霍拉斯·石天生（Horace P. Stimson）担任随队医生。除了华尔纳已经44岁外，其余5人都是不满30岁的年轻人，最大的翟荫27岁，最小的剥离壁画"专家"汤姆生只有22岁。

考察队长华尔纳除了肩负领导敦煌考察的任务之外，还有一项使命，便是代表哈佛大学，与北京的一些教育机构进行谈判，目的是利用霍尔基金的资助，在北京建立一个中美合作的中国文化高级研究中心。通过这种方式，将在哈佛大学专攻远东艺术史和考古学的研究生送到中国进行实地研究，然后从哈佛大学获取哲学博士学位。这件事有点类似华尔纳在大约10年前受命组建"北京美国考古学院"的活动，其难度可想而知。

1925年初，翟荫首先到达北京打前站。6个星期后，华尔纳率领的哈佛大学一班人也到达北京。他们一行迟到的原因，是在途中对日本做了一次短访，主要目的是调查1923年10月关东大震灾对于东京地区文物和艺术品造成的破坏程度。考察队员到达北京后，开始集训汉语。而华尔纳在此期间，则首先通过常驻北京的美国文物收藏家福开森（John C. Ferguson）做介绍人，开始了他代表哈佛大学与北京大学进行的有关合作方面的交涉（插图 65）。前文提过，当哈佛大学和霍尔基金会准备在北京选择一所大学作为合作伙伴时，北京大学始终是美国方面的首选对象。但美国教会主办的燕京大学为了争取经费，也不遗余力地参加到竞争中来，燕京大学校长司徒雷登为此事经常赴美活动。1924 年，洪业担任燕京大学文理科科长，负责与哈佛大学谈判合作事[①]。此外，由美国传教士裴德士（William Bacon Pettus）任校长的北京华北协和华语学校（North China Union Language School）也加入竞争行列中来。华尔纳基本上属于力主与北京大学合作的一派，到北京后便先与北京大学谈判。他认为，燕京大学过分强调用西方的方法研究中国文化，因此对燕京大学的态度比较冷淡，建议哈佛大学不要考虑与燕京大学合作事，因而引起了燕京大学方面的强烈不满。由于中、美 4 所学校在合作办院方面引起了纠纷，矛盾错综复杂，所以华尔纳后来又提出了一个新方案，即将北京华北协和华语学校改组为"北京中国研究学院"，作为哈佛大学、北京大学、燕京大学三校联合主管的研究生部，所需经费则通过哈佛大学进行分配[②]。他将这一方案提交美国方面后，须在北京

---

① 翁独健、刘子健、王钟翰《洪煨莲先生传略》，燕大文史资料编委会编《燕大文史资料》第 3 辑，北京大学出版社，1990 年，第 245 页。
② Theodore Bowie (Ed.), *Langdon Warner through His Letters*, p. 125.

十一　第二次福格中国考察队的组建 | 155

插图 65　常驻中国的美国文物贩子福开森

静等回音，于是决定由翟荫率领考察队先行去敦煌考察。

就在华尔纳进行了他的第一次福格艺术博物馆中国考察之后，中国的政治形势也发生了一系列的变化，中国人民的反帝排外情绪日益高涨。中国学者也已经意识到阻止外国人来华考古的重要性和紧迫性，在对待来华考古的外国人的态度上，有了很大的转变。华尔纳为了避免考察队在西北遇到阻力，在代表哈佛大学与北京大学谈判合作的过程中，邀请北京大学研究所国学门派人参加福格艺术博物馆中国考察队，一起赴敦煌考察，作为两校初步合作的尝试。考察队也可以借此得到北京大学的介绍信，以北京大学特派员的身份前往考察。

在当时的形势下，北京大学方面对待美国哈佛大学来华考古的态度比较谨慎，但代理校长蒋梦麟还是同意考虑与哈佛大学尝试合作（插图66）。于是，北京大学研究所国学门沈兼士、马衡（叔平）等决定派人参加福格艺术博物馆中国考察队（插图67、68）。在胡适（适之）等人的鼓励下，北京大学医学院陈万里闻讯后意欲前往（插图69、70）。陈万里《敦煌千佛洞三日间所得之印象》一文中说：

一九二四年美人华尔讷君至其地（敦煌千佛洞），勾留约一周间。既归国，即组织一敦煌考古队来华，拟在千佛洞为长时间之考察，由翟荫君主其事，薄爱伦、

十一　第二次福格中国考察队的组建 | 157

插图 66　北京大学代理校长蒋梦麟

插图 67　北京大学教授沈兼士

插图68 北京大学教授马衡

插图 69　北京大学教授胡适

插图 70　北京大学职员陈万里

> 石天生二君任记载，时达君任摄影，汤姆生君则专攻美术者也。吾校知其事，由福开森君之介绍，沈兼士、马叔平二先生之筹划，胡适之先生之勖励，余竟获随之西行，不可谓非壮游矣。[1]

陈万里之所以愿意前往，是因为他虽然"精于医学，尤爱美术，钻研之暇，喜作远游"[2]，若能与华尔纳、翟荫等一同前往，则是实现"十数年来所梦寐不忘之西北旅行"[3]。沈兼士、马衡等之所以同意派陈万里前往，一是因为"敦煌近廿年来外人已屡至其地；顾我国学者以考古为目的而往者，此殆为嚆矢，苟非得智力卓越之士，虑弗克负荷。适陈君万里奋发欲往，余（沈兼士）与叔平（马衡）亦审谛微陈君莫能当其事者"[4]；二是因为这将使北京大学研究所国学门与北京大学考古学会第一次进行外出实地调查活动；三是因为借此机会可监视美国人的活动。这第三点，应该是最重要的原因。

1925年华尔纳一到达北京，就找到燕京大学学生王近仁，请他再次担任考察队的翻译兼事务员。王近仁在华尔

---

[1] 陈万里《西行日记》，附录一《敦煌千佛洞三日间所得之印象》，第135页。
[2] 陈万里《西行日记》，马衡序（序二）。
[3] 陈万里《西行日记》，自序。
[4] 陈万里《西行日记》，沈兼士序（序一）。

纳和他联络后的某日深夜,到他的老师洪业家中去,诉说华尔纳在第一次福格艺术博物馆中国考察中剥离敦煌壁画的内情,以及华尔纳又将赴敦煌大规模剥离敦煌壁画的计划。他这样做,大概是出于恐惧或悔悟的心情。洪业对华尔纳剥离敦煌壁画之事当然感到气愤,司徒雷登对华尔纳与北京大学秘密谈判之事也非常不满。据陈毓贤《洪业传》记述,洪业在知情后采取的措施如下:

> 现在洪业面临保护敦煌壁画的重大责任。他吩咐王近仁装着没泄密,仍跟华纳到敦煌去,第二天自己雇了洋车去见教育部副部长秦汾(号景阳)。秦汾也是北京大学数学教授,他马上采取行动,打电报到每一个由北京到敦煌途上的省长、县长、警察长,说不久有一个美国很重要的机构派人来西北考古,请各官员客气地对待他们,并加以武装保护,可是得防备他们损害任何文物。
>
> 两三天后,华纳到燕大拜访司徒雷登。司徒雷登早已得到燕大在美国的托事通知,知道哈佛要派华纳来北京,因为哈佛与燕京正在协商合作办学社。司徒雷登听闻华纳在北京秘密跟政府办的北京大学联系,非常恼怒。华纳显然深感,如果哈佛要跟一个中国机构合作才能得到霍尔这份钱的话,他宁可跟这机构是大名鼎鼎的

北京大学,而不愿跟这小教会学校的传教士打交道。司徒雷登虽然心里不悦,也按照礼仪请华纳与哈佛同人吃顿晚饭,洪业和其他教授在座做陪客。饭吃完了,还互相敬酒。华纳就表示他对中国艺术传统无限仰慕。洪业也发言,欢迎国外来帮助中国研究古物的朋友。他说因中国历年来政局经济不稳,国人没机会好好地研究出土的古物,但他认为中国人可胜任研究的古物应留在中国,若中国没有专家可以研究某些古物,而古物被运到国外去,一定得归还中国。席上各位酒酣饭饱,对洪业的话也没有特别留意。

结果哈佛那一批人每到一个地方,就有政府代表欢迎他们。到了敦煌,每个外国人都被两个警卫彬彬有礼地挟护着,动弹不得。华纳本来要雇几十只骆驼把赃物驮到印度,壁画既偷不到手,只好回北京,路过兰州把大量的甘油及棉纱布捐献给一个小教会医院。华纳私下告诉王近仁说,一定是队伍中的北京大学代表陈万里作梗,因为每到一个地方,陈万里便去拜见地方官,地方官便坚持保护他们。[①]

从陈万里《西行日记》看,王近仁在第二次福格艺术博物馆

---

① 〔美〕陈毓贤《洪业传》,第97—98页。

中国考察途中并没有什么过分行为,而且他和陈万里还经常密谈。因此可以推测,正如陈万里代表北京大学监督考察队一样,王近仁也起到了代表燕京大学监督考察队的作用。他后来将这次考察的失败过程报告给了司徒雷登,司徒雷登又在中、美加紧活动,最终促成了哈佛－燕京学社的建立。

由于派陈万里参加美国哈佛大学考察队西行意味着北京大学乃至整个中国学术界首次对西北进行学术考察,所以颇受北京学术界的重视。在陈万里出发的前一天(即1925年2月15日)的上午10时,北京大学国学门为陈万里举办了隆重的欢送会。到会者除陈万里外,还有沈兼士、马衡、袁复礼、胡适、林玉堂、陈垣、黄文弼、李宗侗、徐炳昶、朱家骅等16人(插图71)。会前,沈兼士、马衡、袁复礼与陈万里"会谈颇久",大概是交代监视考察队的事宜。1925年2月16日,陈万里、王近仁和翟荫、汤姆生、时达、溥爱伦、石天生等第二次福格艺术博物馆中国考察队员从北京西车站起程,西去考察。由于华尔纳还必须在北京代表哈佛大学谈判合作事,暂时不能随队西行,于是翟荫被任命为考察队临时队长。

166 | 华尔纳与中国文物

① 叶浩吾 ② 沈尹默 ③ 马衡 ④ 林语堂 ⑤ 徐旭生 ⑥ 陈垣 ⑦ 钱稻孙 ⑧ 陈万里 ⑨ 容庚 ⑩ 李宗侗 ⑪ 袁复礼 ⑫ 朱家骅 ⑬ 沈兼士 ⑭ 常惠 ⑮ 张凤举 ⑯ 郑天挺 ⑰ 胡适

插图 71　1925 年 2 月 15 日北京大学研究所国学门为陈万里送行

十二
凯乐向斯坦因介绍华尔纳

当华尔纳在北京逗留期间，他也许还不知道，他的敦煌考察情况，已经被当时号称中亚、敦煌考察头号权威的斯坦因所了解。华尔纳早在日本留学期间，就曾仔细阅读过斯坦因的第一次中亚考察报告书，曾向往过去和阗考古。当斯坦因描述敦煌文物的第二次中亚考察游记《契丹沙漠废墟》(*Ruins of Desert Cathay*，1912 年)和详尽报告书《塞林底亚》(*Serindia*，1921 年)陆续出版之后，华尔纳更是爱不释手。他在进行第一次中国西北考察时，随身带着《契丹沙漠废墟》。譬如他于 1923 年 9 月翻越六盘山后，就曾"打开了书箱，拿出斯坦因的《契丹沙漠废墟》读将起来，一直读到因强烈的嫉妒心理而读不下去的时候为止"[①]。可见，他真是

[①] Langdon Warner, *The Long Old Road in China*, p. 50.

像后来多次说过的那样，一直将斯坦因的著作当作考察的指南书。

而斯坦因对华尔纳的最早了解，应该说是始于 1924 年。当时，华尔纳正在组建第二次福格艺术博物馆中国考察队。最早向斯坦因介绍华尔纳及其敦煌考察活动的人，是美国人凯乐。凯乐是波士顿的富商，也是哈佛大学的校董，在美国的许多博物馆任董事，对中国文物和敦煌文物也很有兴趣。凯乐长期与美国前总统西奥多·罗斯福一门交往密切，自然对华尔纳的考察和动向极为关注，甚至还多次请华尔纳作为他购买中国文物的代理人。1924 年 7 月，凯乐到英国伦敦旅行，为了能将能接近斯坦因，以便将华尔纳的敦煌考察介绍给斯坦因，便请英国伦敦名流塞克斯小姐（Miss Ella Sykes）从中牵线。塞克斯小姐曾经于 1915 年 4 月至 11 月间跟着他的哥哥、英国陆军准将珀西·塞克斯爵士（Sir Percy Sykes）逗留喀什噶尔，替回英国度假的英国驻喀什噶尔总领事马继业（Sir George Macartney）暂时管理英国领事馆。其间，塞克斯兄妹曾帮助斯坦因将第三次中亚考察所获文物抢运出境，因此与斯坦因的私交颇深。1924 年 7 月 10 日，塞克斯小姐在伦敦阿尔贝玛尔俱乐部（Albemarle Club）举办了一次茶会，邀请斯坦因和凯乐同时参加，给他们两人提供了初识的机会，使他们就华尔纳敦煌考察一事进行了交谈。

凯乐返回美国后，于 1924 年 11 月 28 日从波士顿家中用打字机给斯坦因打印出第一封信（凯乐的手笔字迹极难辨认），然后由伦敦的塞克斯小姐转交斯坦因（插图72）。凯勒在这第一封信中，同样重点地介绍了华尔纳的敦煌考察，主要段落如下：

假如我用自己的手写体给您写信的话，恐怕您会以为您又发现了一种未知语言文字，就好像您在敦煌发现的许多未知语言文字一样。

您也许能回忆起，我是您的崇拜者之一。7月10日，在塞克斯小姐于阿尔贝玛尔俱乐部举办的茶会上，我遇到了您。当时我告诉您说，我的一位朋友兰登·华尔纳先生向我汇报说，千佛洞的一些部分遭到了俄国人的大破坏。华尔纳先生是今年1月份从敦煌回来的。自从我回国以后，我一直试图见到华尔纳先生，但是由于他有许多约会，我直到上个星期才成功地见他一面。

华尔纳先生让我看了他拍回来的照片。不知我是否应该告诉您，他急不可耐地说过，假如不是您成功地踏出来一条光明道路的话，那么他是绝对不可能做出那些成绩的。他还说，他只在敦煌待了很短的一段时间。他正打算立即重返敦煌，并带上一套适当的照相设备，以便能使您在敦煌揭开的奇迹，通过照相的手段得到永久性的记录。

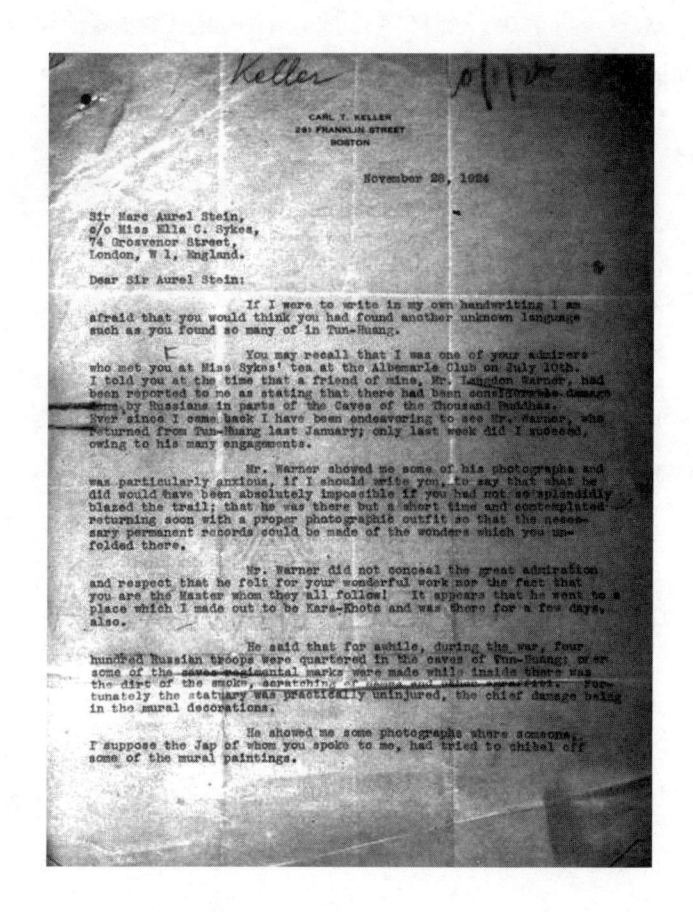

插图 72 　凯乐于 1924 年 11 月 28 日写给斯坦因的第一封信，信中介绍了华尔纳

华尔纳先生毫不掩饰他对您的杰出工作的崇拜与敬仰之情，他也毫不掩饰一个事实：您才是大师呢，而他们所有的人都不过是跟在您屁股后面的追随者！好像他还去了一个地方，经我调查，是哈拉浩特（黑城），他在那里逗留了几天。

据他说，在战争期间，有400名俄国军人一度被安置在敦煌石窟寺里。在一些石窟的墙壁上，刻画着部队的番号。而在石窟寺内，到处都是烟熏火燎后留下的炱垢，还刻画着人名和其他乱七八糟的题记。幸好，彩塑像实际上没有受到损坏，主要的破坏发生在壁画上面。

……

华尔纳还告诉我说，王老道仍在敦煌，您曾从他的手上得到了您的大部分文书。华尔纳告诉那个老家伙说，他知道有关您的一切，他甚至随身带着您的著作当他的向导！这使华尔纳得到了很大的面子。

我敢肯定，如果您愿意提出来您在敦煌急欲做的任何事情，华尔纳先生都会欢天喜地地去遵命照办，并且以此为荣。您可以通过我和他取得联系。

华尔纳先生的妻子是一位非常了不起的小女人。她总是处处跟随着他，几乎寸步不离。作为和罗斯福总统属于一家人的一位罗斯福氏，这女人这样做当然是非常合适的了！[1]

斯坦因收到凯乐的这封信后，于 1925 年 1 月 13 日从伦敦大英博物院给凯乐回信（插图 73）。斯坦因在信中表扬了华尔纳，主要段落如下：

我的确回忆起来了，去年 7 月份，由于塞克斯小姐的盛情邀请，我得有机会与您相识，对此我感到心满意足。我还回想起，您曾经好意答应我说，您要从您的朋友兰登·华尔纳那里为我搞到一些信息。您现在终于将信息传递给了我。根据您的信息，我遗憾地获知，千佛洞的壁画在俄国人占据期间受到了严重的破坏。幸好，洞窟的数量很大，我相信那些俄国难民们只占据一些位置最便利的洞窟，就会感到满意了，因为他们一般来说都喜欢交际。

对于您告诉我的有关华尔纳先生及其夫人的情况，我非常非常地感兴趣。请代我向他转达说，他以褒奖的口吻谈及我从前在敦煌那片地区做过的工作，我非常感谢他的好意。不知是否有任何出版物描述华尔纳先生的

---

[1] 1924 年 11 月 28 日凯乐致斯坦因信，藏牛包图，斯坦因手稿第 89 号，第 19 张。

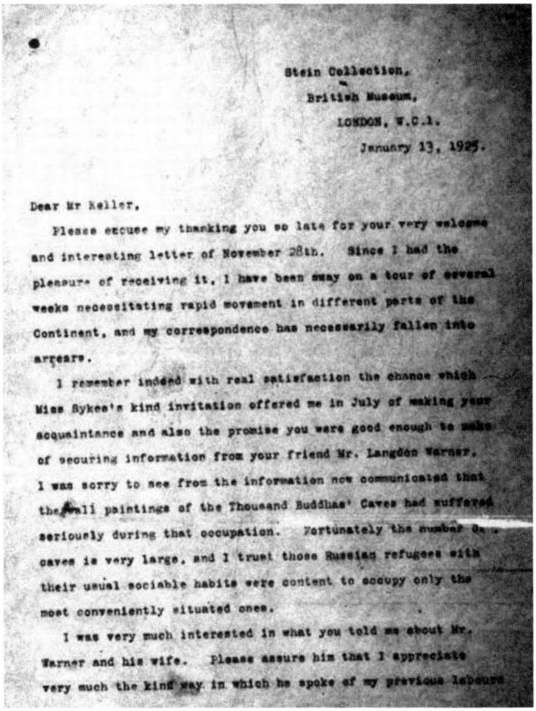

Stein Collection,
British Museum,
LONDON, W.C.1.
January 13, 1925.

Dear Mr Keller,

Please excuse my thanking you so late for your very welcome and interesting letter of November 28th. Since I had the pleasure of receiving it, I have been away on a tour of several weeks necessitating rapid movement in different parts of the Continent, and my correspondence has necessarily fallen into arrears.

I remember indeed with real satisfaction the chance which Miss Sykes's kind invitation offered me in July of making your acquaintance and also the promise you were good enough to make of securing information from your friend Mr. Langdon Warner. I was sorry to see from the information now communicated that the wall paintings of the Thousand Buddhas' Caves had suffered seriously during that occupation. Fortunately the number of caves is very large, and I trust those Russian refugees with their usual sociable habits were content to occupy only the most conveniently situated ones.

I was very much interested in what you told me about Mr. Warner and his wife. Please assure him that I appreciate very much the kind way in which he spoke of my previous labours

插图73　斯坦因于1925年1月13日写给凯乐的第一封信，信中表扬了华尔纳

旅行和考察工作，如果能得到这方面的信息，我本人将感到非常高兴。此时此刻，我还想不起来有什么与敦煌相关联的特别事情，需要麻烦华尔纳先生去帮我打听。但同时，我还要对他的慷慨允诺表示由衷的感谢。我的老朋友王道士竟还能愉快地回忆起我来，这让我感到非常高兴。假如华尔纳先生能返回敦煌的话，我相信他一定会将我的问候转达给那位老人家。①

读这两封信时，让人觉得可笑的是，王道士竟也被视作斯坦因的朋友，而成为谈论的对象。

按照斯坦因的要求，凯乐随后将华尔纳在《世界作品》杂志上发表的连载游记《在土匪猖獗的中国西部寻找最早的艺术珍宝》寄给了斯坦因。当翟荫率领第二次福格艺术博物馆中国考察队离开北京后，华尔纳继续留在北京，与北京大学等校谈判，并不断通过电报方式，将谈判进展情况向哈佛大学汇报。与此同时，他还受凯乐委托，在北京代购文物。

1925年3月5日，华尔纳从北京的汇丰银行支行给凯乐写信，汇报有关文物购买情况，该信写在"哈佛大学福格艺术博物馆中国考察队"的专用信笺上。鉴于这封信可以反

---

① 1925年1月13日斯坦因致凯乐信，藏牛包图，斯坦因手稿第89号，第20—21张。

映华尔纳此次在北京逗留期间的一些情况,以及他是如何购买中国文物的,兹将其主要段落译引如下:

> 我正在给我的妻子拍无线电电报,让他设法劝您给我寄来1000美金,要通过汇丰银行的纽约支行寄来。我不得不通过这种方法得到钱,否则的话,我的计划就会失败。我为了您的事情过度花费钱财,今天终于囊中告罄。经过大约10天的讨价还价后,我今天支付了1000墨西哥银圆,用以购买4块故宫"地毯"。这种类型的地毯,已经多年没有在这座城市里露面了。我一直感到困惑的是,能为您购得什么东西呢。我也不知道您家房屋的大小,以及您家中的摆设情况,这使我感到很棘手。我以前给您写信时,提到过一些小铜器之类的东西,但是它们不太适于做装饰品。我相信,您想从我这里得到的东西,就是它们。因此,我要将它们全部带回去,将这些织锦地毯和丝绒地毯给您奉上。看上去,这些东西是在前几个星期的时间里,从故宫流落出来的。我曾经见到过一些类似的物品,它们在小皇帝退位后不久被运往伦敦。在那里出售后得到的英镑,要比它们的墨西哥银圆成本价高出许多。因此我就打消了疑虑,因为我知道,假如您和您的家人不喜欢它们的话,您可以卖了它们。

其中一件丝绒地毯，据说曾经铺在皇帝宝座前面的走道上。还有一件大的黄色织锦地毯，据说曾被用来覆盖御座大殿里的普通地毯。虽然我从来也不相信古董商们编出来的故事，但这次很有可能是真实的。因为人们从清朝旧官那里打听到的有关皇宫规矩和摆设的情况，可以证实这一点。我不认为它们的年代非常古老，按照有100年历史的物品需要报海关的条款规定，它们也许勉强够得上这个条件。另一方面，这类物品有时保存得非常完好，就是用过好几个世纪后，也看不出它们的真实年代。无论是从风格上看，还是从制作工艺上看，它们大概都属于18世纪初，甚至属于17世纪末。假如有任何人告诉您说，他可以断定它们的年代晚于我刚才说过的年代，那他肯定是在撒大谎。今天再也造不出来这种地毯了，残剩下来的几块不时地在北京的市场上出现，价钱上扬了好几倍。据人们所知，这批地毯是很多年来第一次露面的，他们当然都告诉我说，再没有这种地毯了。我能向您做出的保证，只是它们出自故宫，大概是南方某省的总督进献的礼物。我不想在这里描述它们，我只是想说，我认为它们能使人目瞪口呆，因为它们的色彩纯正无比，远远超过中世纪威尼斯地毯。我搞到了现有的所有地毯，花了九牛二虎之力，才把价钱从1800银圆降到1000银圆。总共花了10天的时间，我这方面一直保持沉默，装作漠不关心的样子，这才得到这个价钱。您明天就能以1000美金的价钱，将那件大的黄色地毯卖给一家纽约的古董商。

我还不太了解1000墨西哥银圆到底相当于多少美金，但是我大概估算1美金等于1.75墨西哥银圆。我请您汇来足足1000美金，是为了避免节外生枝。您可以通过我的汇丰银行纽约支行，用无线电报的方式电汇钱来，其成本只相当于给北京拍一份密码电报的价钱。

我高兴地收到了您的信，里面尽是些有关政治、斗争、体育等方面的闲言碎语。在春季大战开始之前，各路将军的代理人们在这里尔虞我诈，以谋图利益。他们全力进行着错综复杂的斗争，上演着一幕幕稀奇古怪的闹剧，你方唱罢我登场。对于这里正在进行些什么事情，除此之外，我真的什么也不知道了。小皇帝带着他的皇后以及头号妃子，一直住在我的住处隔一条马路的日本驻华公使馆里，住了大约两个月的时间。上一个星期，小皇帝突然跳上一列开往天津的火车，在天津的一家日本旅馆里安营扎寨。北京收到了这个消息，但是没有感到不安。

小皇帝现在正在设法逃往日本，日本人现在正在试图决定如何接待小皇帝。与此同时，前一届大总统成了囚徒，被关押在紫禁城里，没有人能查明在他身上发生了什么事情。他的病很重，家财荡然无存。8个月前，他还被认为是中国最富有的人呢。

现任临时大总统，成天在大街上冲来冲去。大街的两边都站着士兵，禁止一般老百姓入内。上一个星期，班禅喇嘛到达这里，被急冲冲地迎进一辆裹着黄色长毛绒的汽车里，冲进故宫去访问。现在，人们在北京的大街上，可以看到摇摇摆摆地走着一群群西藏喇嘛和蒙古喇嘛。他们穿着油腻腻的黄色锦缎，吃着苹果和炸团子，目不转睛地盯着几座外国建筑物和大官们乘坐的小汽车。他们全身长满了虱子，就好像他们在自己的老家一样，他们完全不知道如何使用手巾。

我的那帮人已经朝西去了，我没有跟着去，而是在北京闲逛着。我正等待一份海底电报，收到电报后，我就可以脱身，可以去加入我的考察队了。他们得迂回绕道，以免碰到正在进行着的战斗。我现在正在设法警告他们，想让他们小心一点，在前面道路上有撤退下来的军队，遇到这些人麻烦更多，但是我的努力是徒劳的。我希望他们能在接触到那些匪徒前，有机会在途中找个地洞躲起来。

有人邀请我在夏季去鄂尔多斯中部，和一位蒙古王公一起度夏。假如能有机会去，我真希望利用大部分时间研究那些蒙古人的生活和民俗。当然，这是无法办到的。

几天后，我就会知道我的命运，就能骑着马西行，去参加我的考察队了。有可能阻止我们前进的唯一事情，就是陕西、甘肃边界上发生的恶战。据我猜测，战争还没有打起来。我听说，吵闹将在那片地区以东开始，很快就会决出胜负。基督徒将军冯玉祥占据了此地西北部的铁路线，并以铁腕牢牢地控制着铁路。但是，他还没有将铁路线尽头以外的匪徒降伏。那些匪徒已被迫进入蒙古地区，正在劫掠横穿鄂尔多斯高原的商队，这些商队运送羊毛和兽皮前往铁路线。昨天晚上，我和罗伊·安助斯聊天。他告诉我说，他相信经过几个月的工作之后，他已经将他的辎重安全地运到高原上了；一个星期以后，他的辎重就会脱离危险地带。这意味着，今年秋天报纸上将会报道更多的恐龙蛋。

我将试图通过当地的山中商社（Yamanaka），把您的东西寄回美国。如果我能成功，当您的东西寄到后，您将会从他们设在波伊斯顿大街（Boylston Street）上的分店听到消息。①

---

① 1925年3月5日华尔纳致凯乐信，藏牛包图，斯坦因手稿第89号，第23—24张。

凯乐收到华尔纳的这封信后，于1925年4月2日从波士顿给在伦敦的斯坦因写信，通报华尔纳的情况，并将华尔纳的前印信函抄件寄给斯坦因。凯乐致斯坦因信的有关段落如下：

> 我现在随信给您寄去一份华尔纳先生最近来信的抄件。信中所言，并没有什么价值，但也许很有趣，还能逗人笑。当我看到他已经买下我想要得到的那些出自故宫的珍宝时，我当然激动得浑身发抖。我坦率地承认，不久前我得到了一件古代画幡，还有其他一些珍宝。您曾经描写过那些珍宝，文笔引人入胜。我也曾经在大英博物院的斯坦因搜集品部看到过那些珍宝，我一见到它们就差一点去当窃贼，想偷走它们。
>
> ……
>
> 我已经给您寄去了华尔纳在《世界作品》杂志上发表的那篇文章的另一部分。我相信，这一部分会让您感到高兴的。我越来越希望，你们两个人能找个机会见一下面。我敢肯定您会喜欢他的，因为他是一个能全心全意投入工作的家伙，体格高大健壮，长着红头发，充满着幽默感和生活之乐，真能刺激人。
>
> ……
>
> 别忘了，假如我能为您提供任何帮助的话，我的确

会感到非常高兴的，不论在任何时间，或者在我们这个庞大的国家内的任何地方。有时我会想到一个能让您高兴的主意：在美国，您也同样能得到您已经在旅行中习惯了的阳光。①

凯乐将华尔纳1925年3月5日信的抄件寄给斯坦因的目的，显然是为了说明华尔纳在文物搜集方面的本事，希望斯坦因和华尔纳能够合作。他在信中提到的有关得到敦煌画幡的事情，应该能引起敦煌学家的兴趣。

斯坦因在收到凯乐信后，于1925年5月30日给凯乐复信如下：

您接连给我寄来几期连载华尔纳先生美妙游记的《世界作品》杂志，我对此也表示衷心的感谢。对于他描述的那些我很熟悉的地方，以及其他名胜，我都怀着浓厚的兴趣，这一点您很容易理解。华尔纳先生的文笔非常优美，他在观察和描写事物时，显然怀有极大的热忱。如果今后我能有机会见到华尔纳先生和华尔纳夫人，那才让我高兴呢。

---

① 1925年4月2日凯乐致斯坦因信，藏牛包图，斯坦因手稿第89号，第22张。

我希望他得到的出自故宫的东西，已经安全地寄到您那里，并且给您带去了您已经期待了很久的巨大欢乐。①

这几次通信使我们可以看出，从 1924 年开始，凯乐和华尔纳等美国人就已经主动接近并拉拢斯坦因。这一动向的发展结果，就是后文要提到的斯坦因代表哈佛大学进行的第四次中亚考察。

---

① 1925 年 5 月 30 日斯坦因致凯乐信，藏牛包图，斯坦因手稿第 89 号，第 27 张。

十三 第二次福格中国考察队在陇东的考古

第二次福格艺术博物馆中国考察队以及陈万里、王近仁等人，于1925年2月16日离开北京，随身带有剥离壁画用的化学药品和布匹。他们经石家庄、太原，于3月12日到达西安（插图74）。陈万里在到达西安的当日，便"得由西北大学转来教育部虞（7日）电，命余赴'甘肃调查历史博物事宜'。兼士先生来信，并附甘肃陆兼省长欢迎赴甘调查敦煌古迹来电"[①]。可见，陈万里一行在出发时，还没有拿到有关的考察执照。3月17日，考察队雇14辆大车继续西行，3月22日到达甘肃省泾川县，并在泾川进行了第一次考古活动。

1925年3月23日，考察队首先考察了华尔纳和翟荫于

---

① 陈万里《西行日记》，1925年3月12日条，第23页。

插图 74 西行途中的陈万里

1923年首次考察过的回中山王母宫石窟（象洞）。溥爱伦想从象洞拿走一件佛像，得到陈万里的帮助。陈万里在同日日记里记录道：

> 总之，此洞结构，颇似云冈中央第二窟。规模虽远逊，固北魏之作品也。大佛前有一高约一尺二寸见方之石柱，四面造像并飞天等雕刻极精。溥爱伦君爱之，就余商，拟向县署索之，以畀北京华语学校或吾校。余深感其诚，遂同赴县署访知事郎君，晤焉。结果，郎君即饬王警佐去取，暂先保存署中，以待省命。[1]

同日下午，陈万里、翟荫、溥爱伦、石天生、王近仁五人外出考察罗汉洞石窟和南石窟寺。1925年3月24日，他们在南石窟寺进行了考察发掘。陈万里3月24日日记中记录道：

> 午前九时，同出东门，渡泾川，至南石窟寺。余与溥爱伦君在西窟，翟荫诸君在东窟。西窟之大，仅有东窟六分之一。东、西壁造像下层各八，上层各四，高约一尺二寸；北壁大像三，窟外两侧有等身高之力士像各一。余先就窟内各壁原状，摄取十数片。然后，溥爱伦

---

[1] 陈万里《西行日记》，1925年3月23日条，第34—35页。

君开始剥离东侧诸像。外廊去后,当时雕刻真相毕露。及至上层,往往于揭去外层泥土之后,发见重要图案装饰雕刻,余亦助之工作。东西壁各像,剥离工作既竣,溥爱伦君复举巨斧,斫大像泥胎。惜所剥离者,头部悉缺损。溥爱伦君谓,系回乱时所毁,似亦近理。剥离后,余又一一为之摄影,藉资比较。东窟则汤姆生君绘画,时达君摄影,翟荫君记录,石天生君测量。[①]

从行文上看,溥爱伦剥离的是南石窟寺西窟石雕像的外层泥胎,并"举巨斧,斫大像泥胎"。陈万里显然认为这种做法不算出格,所以也提供了帮助。而在东窟工作的翟荫等人反倒比较规矩。

但是,考察队在石窟内工作的消息很快就被附近村民所知,结果引来民众的围攻。陈万里1925年3月24日日记记录道:

> 余正在凝视出神之际,忽有乡民二十余,蜂拥而至,群起诘问。余等遂未便再事工作,拟即收拾一切登车还城。乡民则强拉骡马不令走,余婉曲言之。许久,势稍缓和。复来十余人,咆哮更甚。其中之一,诘

---

① 陈万里《西行日记》,1925年3月24日条,第37页。

责翟荫君毁坏佛像之罪。翟荫君不谙华语,未能答。彼即牵其袖曰:"同到庙里去,非俟佛像修复,不能任汝行。"十余人和之,亦有数人谓非先搜检外人,解除凶器不可。余目睹此状,颇为忧惧,以为群众行动,最易逸出范围,设有不幸,孰任其咎。遂极力为之疏解,顾反复譬喻,终无结果。南石窟寺为附近六村所管,村民鸣锣传知,势非俟六村村众来齐,不能解决。余亦只得唯唯听之,乘间向各个人间剀切譬解。其有年老者,复劝其作和平主张,公推代表一同进城,商量修复云云。颇有数人力赞余说,愿为尽力者,余心稍慰。未几,村众集者愈多,声势汹汹者亦不少。若辈即就地开会,拒绝旁听。久之,始有结果,居然能推出数人,随同进城,商量重修办法。自此,余等始解围。计被困于泾川之北者,约二小时,余亦唇敝唇焦矣。比到旅店,时已昏夜。余以此事宜先求和平方法,如彼此所谈不能谐,始偕赴县署,求最后解决;否则似可无须重烦官厅。此种办法,自信对于村众,已亦顾到。翟荫君深以余说为然,即邀集乡民代表于东屋,磋商重修款项数目。最终决定,给予六十六元之重修费(十八小佛像每像两元,大像系三十元),乡民代表认可,当即交付了结而去。此事,余始终居间调停,虽不敢自居有功,然能如此和平解决,实属万幸。乡民去后,始用晚饭。未毕,郎公来访，欢谈片时而去。未几，郎公又遣王警佐来告，乡民代表受人恫吓，重修费不敢收受，特赴县署报告此事。郎公以事实不明，特嘱王君来询，以祛双方误会云。余即以日间所经过者，为之详述一遍。复告以所以不愿重烦官厅之故，王君乃去。①

事过近60年后，作家赵燕翼还曾调查过这一事件。他在《南石窟寺杂记》一文中说：

> 这一段发生于六十余年前的往事，有些年长的泾川人记忆犹新。1982年春，我到南石窟寺考察文物时，曾向居住在近村的蒋思聪等几位老人探询得悉事件经过详情。当时洞窟原无专人看守，洋人乘三辆席篷马车前来，未经任何人允许，径自钻入佛窟，用刀斧剥离后期加塑于石造像外廓的泥胎。为山坡上放牧的羊倌发现，遂鸣锣为号，将上下蒋家、王家沟、何家坪、凤凰庄、纸坊沟等六村村民召来。一时群情激愤，怒斥洋人毁坏佛像之罪，吓得杰尼先生冷汗直冒。最后，由"通事"出面赔情道歉，请派群众代表同到县城，赔偿大洋六十六元，为佛重塑金身，这场风波才告平息。

---

① 陈万里《西行日记》，1925年3月24日条，第38—39页。

群众所称的"通事",乃北大学者陈万里先生。当时他随美国人去敦煌进行考察,不料远征队刚踏入甘肃地界,就碰了一鼻子灰。两年后,陈先生出版了一本《西行日记》,关于泾川历险情节,书中有所记叙。①

这是第二次福格艺术博物馆中国考察队西行途中,遇到的第一场风波。群众抵制考察队的活动,显然是自发而起。陈万里此时是剥离雕像的当事人之一,当时没有鼓动群众的迹象。恫吓乡民代表、使其不敢收受重修费的人到底是谁,不得而知。而泾川县县长朗某事后知情,对此事也不了了之。然精美石雕泥胎已被剥离,大像泥胎已被斫毁,支付区区66元,如何得以修复?

需要一提的是,陈万里在南石窟寺还伙同翟荫等人擅自拿走石碑一块。他在1925年3月24日日记里,记录了此事的经过:

当余昨日之到东窟也,于北侧台座下见有长方形之石一,横覆于地。翻阅之,雕刻极精,唯上方造像稍有缺损耳。归寓思之,断为《南石窟寺碑》头之一部。乡人不知爱惜,固无足怪,何以官厅当时能移碑石于文庙

---

① 赵燕翼《南石窟寺杂记》,《陇史掇遗》,第124—126页。

者，独不能并移此碑头耶？思之重思之，当时移置之动机，确非由于保存古物，殆无疑义矣（据闻乡民因寺基涉讼所致）。因此决定，拟将此残石带还北京，实诸吾校考古学室。盖不如是，残石之命运，非至破碎而不止。即不然，据以告知事，知事亦不过饬警移存县署而已。此后残石之命运如何，岂吾等所能知耶？今早到石窟寺，即以此残石示翟荫君，不知溥爱伦君固已于昨日见告矣。复以携归吾校之说告之，翟荫君极力赞成焉。余遂以毛毡复之，迨剥离事竣，休息露餐，翟荫君已为我装入布袋，安置一侧，余即裹以毛毡，防损坏也。纠纷事起，在东窟中已有村民十余，监督吾等行动。此残石其留之耶？抑携之耶？此时诚踌躇矣。留之，固已包裹完好，当然不能于环伺者之前，解囊舍去；携之，设为村民阻拦，坚欲启视者，则纠纷将益甚。余于此时，卒毅然命车夫肩之，实余车。而此十余监督之村民，竟未一加干涉也。亦幸矣哉！从此，约重四五十斤之残石，将日夕伴我西行，或至兰州而止。俟余敦煌回省后，复携之东归。能否安然到校，尚未可知！顾此一段因缘，不能不详记之也。①

陈万里此时的心情，或者说他要将文物拿走的理由，应该说

---

① 陈万里《西行日记》，1925年3月24日条，第40页。

与斯坦因、华尔纳等人当年拿走敦煌文物时的心思没有什么两样。

不过，外国人将中国西北文物拿往外国，和北京人将西北文物带往北京，毕竟还是有本质不同的。赵燕翼在《南石窟寺杂记》一文中说：

> 刻有永平纪年的石窟寺碑，现存泾川县博物馆。据该馆老职工王绍周说，此碑原在石窟，因碑文书法精妙，为某天主堂瑞典修女所觊觎，阴谋盗往国外未遂，始被当时泾川县县知事廖元佶移入文庙保管云。……可惜移碑人无知，将雕有美丽装饰花纹的碑头，弃置洞窟角落多年不顾，却被陈万里先生顺手牵羊，用毡子包裹塞到席篷车上，安然携往北京大学，藏于国学门考古学会，不知今日下落如何？如原物尚在，理应完璧归赵。①

近代运藏北京的西北文物是否应该还归西北，这是一个值得考虑的问题，但涉及的关系非常复杂，在此不论。

陈万里经过在泾川事件后，吸取了一定的经验。他在1925年3月24日日记中总结该事件时说：

---

① 赵燕翼《南石窟寺杂记》，《陇史掇遗》，第124—126页。

> 西窟剥离佛像外廊之事，溥爱伦君主之，自是正当研究方法，余深然之，且为之助。但在内地旅行，为求安全起见，不能不有相当之顾虑。余以初次作西北之行，毫无经验，致事前未能见到及此，遂致发生此不幸之事实，重累友邦人士以数小时之恐怖，至为遗憾。惟最后获得一绝大之教训者，以为主张是一事，错用手段则纠纷可立见。此种情形，后日大可引以为戒。①

同时，陈万里也看清了美国人的真实目的，等到达兰州以后，就更加严密注意外国人的举动。从兰州开始，陈万里所到之处首先与地方官府联络，最终阻止了第二次福格艺术博物馆中国考察队的大规模文物破坏活动。

---

① 陈万里《西行日记》，1925年3月24日条，第39页。

十四 第二次福格中国考察队在敦煌的受阻

陈万里随考察队，于1925年3月25日离开泾川，4月5日到达兰州。当日因植树节放假，陈万里未能拜访甘肃督军陆洪涛等官员。4月6日，陈万里先拜访甘肃省政府教育厅厅长谢次洲，然后与翟荫、王近仁一起访问陆洪涛。陆借口有病，命谢次洲代见。据30年代南京国民政府编《内政年鉴》记载：

> 民国十四年（1925年），甘肃陆洪涛以北大特派员内有美国技师数人，赴甘肃调查古迹，日前据密探报告，美国技师欲攫取敦煌画壁，电请内务部迅予转令北大校长，婉饬该技师等，不得逾越调查范围，或竟予撤

回,以免误会。经函准教育部转饬遵照。[①]

这条资料没有具体日期,但应该是陈万里和美国考察队员到达兰州之后的事情。

1925年4月13日,考察队离开兰州,经凉州、甘州,于5月1日到达肃州(酒泉)。陈万里在到达肃州的当日,即先后单独拜见了酒泉县知县陈某、安肃道尹祁瑞亭等,报告考察队拟剥离壁画的计划,请求派员赴敦煌早作准备。5月2日,陈万里又拜访掌管酒泉、嘉峪关、玉门、安西、敦煌各地军事大权的肃州镇守使吴静山,"相谈约三十分钟,悉镇、道两署已会派专员驰赴敦煌矣"[②]。当日,翟荫等也拜见了吴静山,提出剥离敦煌壁画的要求,遭到吴静山的拒绝。陈万里1925年5月2日日记记录道:"十二时,翟荫君与近仁自外归。翟荫君告我,已单独去见吴镇守使,商量剥离敦煌画壁一事,未获许可云。"[③]

既然剥离敦煌壁画的要求遭到拒绝,翟荫等自知计划难施,于是打消了剥离敦煌壁画的念头。他们将所带剥离壁画用

[①] 内政部年鉴编纂委员会编纂《内政年鉴》(四),礼俗篇,第十章"名胜古迹古物之保管",第一节"中央",第二目"保管之实施",十三"处理外人采运古物",上海:商务印书馆,1935年4月,第(F)163页。
[②] 陈万里《西行日记》,1925年5月2日条,第76页。
[③] 陈万里《西行日记》,1925年5月2日条,第76页。

物品留下，于5月8日率队离开肃州，前往敦煌，"下午五时西发，计雇敦煌大车八辆。翟荫君等以北京带来之洋布一捆，木箱五件，寄存肃州，始省去数辆"[1]。曾为第一次福格艺术博物馆中国考察队效力的木匠老周，在肃州加入第二次考察队。考察队离开肃州后，经嘉峪关、玉门、布隆吉，于5月15日至安西。出嘉峪关后，沿途一路有军警"保护"考察队。

到达安西的当日晚，陈万里与安西县县长陈芷皋见面，次日拜见周炳南等，商量对付美国人的办法。周炳南字静山，1913年随安肃道尹周务学驻军酒泉，1919年以肃州巡防第三营营长职率部驻扎敦煌，曾力主将俄人从敦煌莫高窟迁出，并在莫高窟各洞窟逐个检查编号，被后人誉为"我国官员中对敦煌文物的最早保护者"[2]。因此，他的介入将极大地妨碍美国人在敦煌、安西一带的考察活动。5月18日，考察队走到疙瘩井，在这里与周炳南会晤。陈万里1925年5月18日日记记录道：

> 到店正上午七时，静山统领早到已三小时矣。九时统领来，与翟荫君谈约一小时始去。翟荫君拟到敦煌后偕近仁折回肃州止华尔讷君西来，以华尔讷君前岁剥离

---

[1] 陈万里《西行日记》，1925年5月8日条，第79页。
[2] 师侃《最早保护敦煌文物的官员》，《陇史掇遗》，第127—128页。

>千佛洞画壁后，人民颇有反感，此来恐多周折也。①

看来，周炳南来与翟荫会谈的目的，是防止华尔纳西来敦煌。他将事态的严重性告诉了翟荫，翟荫遂决定尽快折回肃州阻挡华尔纳。

当日，考察队到达敦煌县城，并于次日就拍摄敦煌莫高窟壁画一事，与敦煌县县长杨某等地方政府官员商量。结果，是他们的活动受到了严格的限制。陈万里1925年5月19日日记记录道：

>九时，往访杨知事，……谈未久，静山将军亦去，续谈约半小时辞出回店。十一时，同翟荫、溥爱伦、王近仁三君复至县署谈摄影事，毫无结果。约今日下午二时在署集各方代表商议……。
>
>下午二时，偕同行诸人赴县署集议。在座者有周统领、肃州镇、道两署所派专员张参谋长、牛科长、杨知事，及敦煌县商会、教育会会长并各界代表约七八人。会议时，先由翟荫君说明，此来本拟剥离一部分画壁，运赴北京陈列，以便中外人士得就近研究；曾以此意商之陆省长，未蒙许可；嗣后即壹意摄影，希望能得各界谅解，予

---

① 陈万里《西行日记》，1925年5月18日条，第88页。

以充分时间云云。杨知事、牛科长、周统领及教育会会长相继发言,均以前年华尔讷运去千佛洞画壁二十余方及佛像数尊后,地方人民群向知事诘问;今年庙会时,复有人向千佛洞王道士诘责;因此,此番游历,为期势难太长。且在千佛洞居住,有种种为难情形,即军警保护,亦恐有不周之处。说之至再,仅允游历日期,不得逾两星期;千佛洞碍难居住,只能当日往返。余亦发言,约二十分间。同行诸人,以无可磋商,一一承诺,辞出回店。决定明日休息一日,二十一、二十二、二十三三日,往千佛洞游览摄影,二十四日即启程还安西。翟荫君则往肃州候华尔讷君,止其西来。余等在安西待翟回城,即同往踏实万佛峡诸处游览数日,即可进关回京。盖翟荫诸君以为,敦煌官民所允许之两星期,且须当日往返,摄影成绩,能得几何?故不如缩短日程,以期迅速离此,较为直接痛快。……四时,随同翟荫、王近仁二君去访周统领,翟即告以此意后,略谈片时辞出。①

1925年5月21日至5月23日,陈万里与翟荫、汤姆生等按照敦煌县署的规定游览莫高窟,当日往返,仅游三日。

他们按照伯希和所编号码,并参照周炳南所编号码,参

---

① 陈万里《西行日记》,1925年5月19日条,第88—89页。

观洞窟。陈万里1925年5月21日日记中说：

> 一四五（331）、一四四（329）、一四一（326）、一三九（320）号诸洞，画壁均有缺损处。导者指以相告曰，此即华尔讷君前年所剥离窃去者也。……三时，翟荫君以途中沟渠颇多，车行不便，主张随即等车回城。①

可见，此时翟荫早已对敦煌考察失去信心，回返心切。陈万里在1925年5月22日日记中还记录道："于一二〇号n洞发见大魏大统四年及五年画像题铭。翟荫君告我，在京时所计划剥离者，即系此洞云。"②

由于时间紧张，陈万里、翟荫等连王道士都没有找到。根据1925年5月26日陈万里在安西补记的敦煌记事中说：

> 千佛洞分上、中、下三院，下院为盗卖古物已十余年之王道士所居。二十日在月牙泉席上，据说王已得精神病，此次往游千佛洞时，闻余等至，即趣避他往。询之庙祝，亦谓精神尚好，则前日之传言有精神病者，或

---

① 陈万里《西行日记》，1925年5月21日条，第93页。
② 陈万里《西行日记》，1925年5月22日条，第93页。该书1926年版将"一二〇号n洞"误印为"一二号n洞"。按具有大统四年、大统五年题记的西魏洞窟，为伯编120n号窟（敦煌研究院编285号窟）。

冀免官厅之惩办欤？①

1926年12月26日华尔纳给斯坦因写的信中，也提道：

> 只能找到一丝真实的影子，那就是我曾经给王道士赠送了一点点钱，只有75两。可是，这个数字也被夸大到10万银圆。村民们因此去找王道士，要求和他分享这笔钱。王道士当然拿不出这笔现金来，于是村民们就以死来威胁他。王道士只能装疯卖傻，才躲过了这场灾难。翟荫去敦煌的时候，随身带着我过去的翻译员，这位翻译员在前一次随我访问敦煌时，对王道士极为友好。但是，此时王道士竟然不认他，躲得远远的！②

1925年5月24日，翟荫迫不及待地先行离开敦煌，赶往肃州阻止华尔纳西来。其余人也随后离开敦煌。经疙瘩井、甜水井、瓜州口，于5月26日到安西县境内，在这里等待华尔纳的到来，然后准备考察斯坦因于1907年首次考察过的万佛峡石窟（榆林窟）。

---

① 陈万里《西行日记》，1925年5月26日条，第96页。
② 1926年12月26日华尔纳致斯坦因信，藏牛包图，斯坦因手稿第111号，第138—141张。

十五

中国政府抵制第二次
福格中国考察队的经过

华尔纳逗留北京的目的,是等待美国方面(哈佛大学和霍尔基金会)就他提出的中、美合作办院方案给予答复。但是,由于该方案引起了各种复杂的纠纷,始终无法拍板。1925 年 3 月 12 日孙中山在北京病逝后,全中国出现了一次民族主义反帝排外运动。北京大学表示不愿意与美国合作,就连留美归国的胡适等人,也反对接受美国资金。[①] 在这种情况下,哈佛大学决定暂缓与北京有关院校谈判合作事,电令华尔纳重返考察队。于是,华尔纳于 1925 年 3 月底离开北京西行。

在离开北京之前,华尔纳还发展了一个名叫阿兰·柯乐

---

① Theodore Bowie (Ed.), *Langdon Warner through His Letters*, p. 126.

克（Allan Clark）的美国青年画家加入考察队。柯乐克的任务，是在敦煌临摹难以摄影的大型净土变壁画，并且分析构图。华尔纳和柯乐克离开北京后，想尽办法追赶考察队，譬如租汽车、购马匹等等。当他们于1925年5月15日到达甘州时，收到翟荫从安西拍来的一份电报。电报上说"甚至连照相或访问石窟都难以获准，除非做出不移走任何东西的保证"[①]，使华尔纳感到他的考察计划正面临着破产。

几天后，华尔纳到达肃州，为获准考察，特去拜访了他在第一次考察期间结识的肃州镇守使吴静山。华尔纳在给贝尔的信中，这样叙述他对吴静山的拜访：

> 他和蔼可亲，一如既往。但在批准我们进行敦煌摄影和研究时，显得有点严肃，而且还说，我们不得拿走任何东西。我判断这种状况已成定局，如果我们胆敢试图剥离敦煌壁画的话，那么天法的绞索便会套在我们欲望的脖颈上。[②]

1925年5月28日左右，当华尔纳和柯乐克到达玉门后，与

[①] Theodore Bowie (Ed.), *Langdon Warner through His Letters*, p. 127.
[②] 1925年5月中旬华尔纳致贝尔信，转引自 Theodore Bowie (Ed.), *Langdon Warner through His Letters*, p. 127.

前来迎接的翟荫相会。华尔纳在致妻子信中叙述道：

> 翟荫从敦煌远道赶来，目的是和我会面并且商量事情。考察队在石窟活动时，一直处于严密的监管之下。每天晚上都被迫花上4个小时返回城里，每次回来时都有一群愤怒的人围在客栈门外。他们不让我们的队员住在石窟附近，也不让我们的队员使用闪光灯。尽管如此，考察队还是通过壁画题记，准确无误地确定了一些洞窟的年代，还拍摄了一些照片。肃州镇守使的许诺，还不如废纸管用。考察队现在正在安西等着我们，安西离这里有3天的路程。我们将从安西前往万佛峡考察，万佛峡是一处较小的石窟群。即便是在万佛峡，我们也没有丝毫的指望能移走任何东西，甚至连是否能获准照相也没有把握。这便是事情的简单经过，当然还有一些需要慢慢讲的细节。这些情况都表明，事态是何等糟糕。好像翟荫他们还被告知：如果我也和他们在一起的话，那么他们甚至连参观石窟都不可能。尽管我将一切都安排得井井有条，让每一个人都感到满意，但是现实仍然如此。……翟荫在最恶劣的条件下，取得了惊人的成绩。每个人都好，底片大概全没有问题。……前途暗淡哪！从现在起，我们必须在军警的监督下做一切事情。军警们只需催促我们，就会使我们厌恶地离开该

省。要等待好多年之后,外国人才能在甘肃进行科学工作。我一直在绞尽脑汁地思索,想想去年我到底做过什么不检点的事情。但是,不管是我,还是翟荫,或者王近仁,我们想呀想,总觉得我们并没有树敌,也没有做任何错事。王道士这个人贪婪好财,在安特生(瑞典考古学家)和我出现时达到了极点,还有从未再返回敦煌的斯坦因和伯希和所搅起的余波。从现在起,也许再过10年以后,当出现了一个强有力的北京政府的时候,我们才能做点什么事情。但也只能是经过中国人仔细准备之后,在敦煌人民当中进行了更多的有利于我们的宣传之后。我忘记说了,翟荫曾经通过陈万里博士,给北京大学拍过一份电报,告诉我们所遇到的麻烦。谁知道北京大学竟然撇下所有的事情不管了,他们洗手不干了。北京大学曾答应和我们合作,并且让人们以为我们是由他们派遣的。他们给翟荫的复电,简直是一篇无耻推诿的杰作。等我回到北京后,我要给蒋梦麟校长留下一句话。我将邀请蒋梦麟校长共进餐,然后在我自己的餐桌上给他说这句话。幸好蒋梦麟校长是一位造诣颇深的英语学者,他将能够领会我说的这句话的要旨。[①]

---

① 1925年5月29日华尔纳致妻子信,转引自 Theodore Bowie (Ed.), *Langdon Warner through His Letters*, pp. 128-129.

这封信说明，此时的华尔纳已经是气急败坏了。华尔纳在给老婆的信中说，他在敦煌没有做过任何错事，表明他根本没有因为剥离敦煌壁画和从中国拿走文物之事受到过任何良心上的谴责。他最后把考察队遇阻的怒气撒在蒋梦麟头上，也说明他对中国的形势并不理解。

在华尔纳和翟荫到达安西之前，溥爱伦、汤姆生等于1925年5月28日请周炳南和安西县县长陈芷皋等吃了一顿饭，想缓和一下感情。6月1日下午，翟荫陪着华尔纳和柯乐克赶到安西，然后立即就考察事与官府商谈。但就在此前的1925年5月30日，上海爆发了"五卅"运动，随后全国各地掀起了大规模的反帝排外运动。敦煌、安西一带虽地处偏僻，也很快不可避免地受到感染，为华尔纳等人的考察多罩了一层阴影。北京大学电令陈万里与美国考察队决裂，迅速东返。在北京的美国人士，也给华尔纳等人拍来急电，督促考察队赶紧空手回返，不要危及将来的研究工作，"不要让你们的国家和你们的大学处于窘境"①，但华尔纳还是想对万佛峡石窟拍摄一些照片。陈万里在1925年6月1日日记中记录道：

十时，往访静山统领。后复赴县署，晤陈县长及

---

① Theodore Bowie (Ed.), *Langdon Warner through His Letters*, p. 129.

张、牛二公。回店，得凤鸣促归电信，即赴电局复之。下午，翟荫君偕和华尔讷及柯乐克二君自玉门来。晚，芷皋县长见访，华尔讷、翟荫二君与谈往万佛峡事，不得端倪，约明日再商。①

但第二天的商谈结果，也不令美国人满意。陈万里的1925年6月2日日记中记录道：

> 两次同华尔讷、翟荫二君去访周统领，均以公出未晤。下午一时，陈县长来请，商榷往万佛峡事，遂与华尔讷、翟荫、王近仁三君同去。列席者有周统领，张、牛二公并商会会长等五六人。最先华尔讷、翟荫二君要求在万佛峡勾留一月，地方代表仅允三日。后静山统领折衷（中）为一星期，最后复决定为先去一星期，如一星期后认为尚有摄影工作应须继续者，再行磋商。讨论约一小时之久，余亦发言多次。议定后，余等先出回店。②

大势至此，华尔纳等人也只得同意。1925年6月4日，安

---

① 陈万里《西行日记》，1925年6月1日条，第98页。
② 陈万里《西行日记》，1925年6月2日条，第98页。

西县长陈芷皋、陈万里和华尔纳、翟荫等考察队成员到达万佛峡以东的蘑菇台子，住在该地的一处道院中，准备以此为基地考察万佛峡。

就在华尔纳一行开始考察万佛峡的时候，陈万里于1925年6月5日向华尔纳提出提前返回北京的要求。陈万里6月5日日记记录：

> 早起，即同往万佛峡，……。芷皋县长亦亲自编定号数，跋涉极劳。六时，回道院。晚饭后，与翟荫、溥爱伦、王近仁三君谭先回北京事。华尔讷君则坚留一日，以乡民对于外人，颇有烦言，而县长明日又急须回城故也。余遂决计后日启程，先回安西，至多勾留一晚，机就道进关，兼程回京。①

陈万里突然提出提前返回北京的理由，是祖母病危。但真实原因，是北京大学命令他提前返回。他于1925年5月30日在安西得家人促归电报以及家信，6月1日又得友人促归电报，与此不无关系。

1925年6月6日，陈万里胃病复发，6月7日抱病离开蘑菇台子，回到安西县城。养病两日后，他于6月9日离开

---

① 陈万里《西行日记》，1925年6月5日条，第101页。

安西，经肃州、甘州、凉州，于6月28日到达兰州。6月30日"十二时，即同董君（同学董季高）至督军署政务厅，见陆督，谢厅长亦在坐。谈敦煌千佛洞事，约半小时，辞出回寓"①，实际上是向甘肃督军陆洪涛汇报情况。7月2日，陈万里离开兰州，经平凉、泾州、西安、陕州（三门峡）、洛阳、郑州，于7月31日回到北京。

陈万里回到北京后，将他在考察途中所记日记加以整理，编定《西行日记》一册，作为"北京大学研究所国学门实地调查报告"，于1926年7月由北京朴社出版。该书由胡适题签，由沈兼士、马衡、顾颉刚作序。该书有5个比较重要的附录：(1)《敦煌千佛洞三日间所得之印象》；(2)《泾川石刻校释及考证》；(3)《万里校碑录》；(4)《官厅调查表》(敦煌千佛洞、安西万佛峡、安西东千佛洞)；(5)《旅程表》。

---

① 陈万里《西行日记》，1925年6月30日条，第115页。

十六
第二次福格中国考察队的失败

　　陈万里走后,华尔纳、翟荫等仍在万佛峡考察了几天,主要成果是拍摄了一批照片。在万佛峡考察期间,华尔纳等受到了当地人民的强烈抗议和阻挠,遇到了"愤怒的村民以及为他们撑腰的县长"制造的许多麻烦。华尔纳当时在给他妻子的一封信中,讲述了其中的一件事:

　　今天晚上,我经历了一场风波。起因是领头制造麻烦的人强制性地向我的中亚车夫罚款200元钱,说是车夫的马吃了一点青麦。我看到地里充满着牛蹄印和马蹄印,这些损失加起来至多不超过1元钱。同时,车夫因惧怕挨打的恐吓,已逃之夭夭,他的一匹马被扣留。我清楚地告诉他们说,罚打车夫将由我来进行,而马匹则必须还给另一车夫照管。明天,他们还会竭尽全力地玩要其他更多的鬼把戏。这些该死的人,当整个事情在这里沸沸扬扬的时候,我在想,我从未在任何书上读到过,竟有这类始终邪恶和狡诈的刁民。中间还有一段插曲。那领头的将马拉到庙的台阶上拴了起来,我出去让王近仁解释说,马是我的,不能被强行拉去。然后我去解开马的缰绳,但这老家伙竟跳将起来,跑到马缰这里试图动武。我当然不能打他,因此我只推开了他的手,将他弄了个屁股蹲。我告诉他说,让他客气点。他眼看就要气急败坏了,而我仍然像阿拉伯人一样彬彬有礼。接着,我们走着去查看损失的情况,结果发现只有一棵小杨树被马啃过,这使他大大地丢了脸。现在,大约有30个人站在院子中间互相尖叫着,我又出去想让他们平息下来。麻烦的是,王近仁不去翻译我的话,而是开始他自己的长篇演说。局面暂时平息下去了,但他们正在想着明天新的恶作剧。①

12年后,华尔纳在《佛教壁画:万佛峡一个九世纪洞窟的研究》的"绪论"中回忆道:

当地政府只允许我们在蘑菇台子的庙宇中居住7

---

① 1925年6月上旬华尔纳致妻子信,转引自 Theodore Bowie (Ed.), *Langdon Warner through His Letters*, pp. 129-130.

天，而蘑菇台子又距离我们要来看的石窟有两英里远。显然，要想对细节做一次详尽无遗的研究，那我们拥有的时间太短缺了。因为有十几个村民的出现，使情况变得极为棘手。这些村民丢下了自己的日常活计，跑了大约 15 英里的路，来监视我们的行动，并千方百计地想引诱我们闹事，这样便可以找到理由向我们进攻，或者用武力将我们从这一地区驱逐出去。面对着唠唠叨叨找茬儿责骂，面对着背信弃义，甚至公开的敌对，为了避免肉体遭受暴力，我们也只得坚持不懈地保持彬彬有礼的姿态。

除了我的朋友、我前一次在中国内陆旅行时的旅伴霍拉斯·翟荫之外，这次我的美国旅伴艾兰·柯乐克、溥爱伦、时达、石天生和汤姆生都对这个国家不熟悉。他们原来雄心勃勃地想花 8 个月的时间对敦煌壁画进行深入细致的研究，并希望能解决许许多多有关中国绘画史、中国文化概况、佛教造像学和当地历史的问题，他们对自己的计划全部落空而感到深深地懊悔。作为不拿薪水的志愿人员，他们强烈地感到，我们对不起哈佛学院及其好不容易才乞求来的美元，对不起曾慷慨捐钱的朋友们，对不起福格艺术博物馆的馆长们，馆长们听信了我说的我们的计划不仅值得而且可行的那套话。尽管几乎每个小时都会因为当地人制造麻烦而发怒、发狂，但他们还是团结在一起,用摸不透的圆滑外表和有教养的幽默感来,对付未来的敌人。一个小小的失误,甚至一张生气的面孔,都可能会招致整个蜂群在我们耳边嗡嗡作鸣,甚至很有可能让我们丢了性命。人们对他们的表现是称赞不够的,他们的行为使得考察队能够带着底片、笔记以及我们自己完整的身躯离开了这个地方。我们保证说,我们不会从现场移走任何他们的宝贝,我们以牺牲知识为代价在文字上和精神上都遵守这一诺言。但当地政府拒绝相信我们的话,这也不能完全责备他们。甚至从我们的主人们正在石窟地面上踢来踢去的、从画壁墙面上掉下来的许多残片中取一块显微镜样片,都能在我们返回后得到分析,并产生大量的有关早期中国化学、物理学和画家技巧的重要详细结果。①

考察队拍摄完照片之后,回到安西就地解散。柯乐克和汤姆生首先骑马离开安西东返;翟荫和溥爱伦决定先前往新疆游历,然后返回北京;时达、石天生、王近仁等人都愿意跟随华尔纳乘皮筏子漂流黄河,直到通往北京的铁路起端包头。

---

① Langdon Warner, *Buddhist Wall-Paintings: a Study of a Ninth-Century Grotto at Wan Fo Hsia*, Cambridge, Massachusetts: Harvard University Press, 1938, pp. xiii-xv.

华尔纳之所以想出来漂流黄河的主意，是因为他认为，这种走法比经过陕西、河南更快些，比坐马车走在滚热的黄尘土路上也更舒适些。他们从兰州乘皮筏子，沿着黄河，经过鄂尔多斯、蒙古，直到包头。然后从包头乘火车，于1925年8月回到北京。

翟荫和溥爱伦到新疆后，主要在乌鲁木齐活动。他们曾计划经喀什噶尔和英属印度回国。1925年9月15日，英国驻喀什噶尔总领事吉兰少校（Major G. V. B. Gillan）给英国驻北京公使馆秘书写的一封信中说：

> 我荣幸地报告，我收到了哈佛大学福格艺术博物馆中国考察队的霍拉斯·翟荫先生和溥爱伦先生从乌鲁木齐寄来的两封信。第一封信的大意是，他们打算来喀什噶尔，如果能获得允许的话，他们将经过列城前往印度。第二封信的大意是，由于季节已晚，他们将经由西伯利亚返回北京，但是希望明年再来这里。
>
> 本总领事馆似乎从来没有收到过任何有关这两位先生的信息。由于他们显然打算于明年来喀什噶尔，所以我非常想了解以下内容：这支考察队的目的是什么，他们有可能走哪条路线，是否应该批准他们提出的经列城

前往印度的请求。若能明示，则不胜感激。①

1925年11月20日，英国驻华公使麻克类爵士（Sir Ronald MacLeay）给吉兰写信答复如下：

> 我谨通知您，我们收到贵馆署期1925年9月15日的第18-D号公函，主题是关于美国公民、哈佛大学福格艺术博物馆中国考察队队员霍拉斯·翟荫先生和溥爱伦先生计划经列城道进入印度的申请。作为答复，谨通知如下：本公使馆不知道任何与该考察队的目的或其大致行进路线有关的情报。
>
> 您无疑知道，印度政府特别关注非英国人民从北方进入印度领土之事。考虑到缺乏与这支考察队的目的有关的情报，究竟是否应该批准该考察队成员有可能向您提出的要求走列城道进入印度的请求，恕我不能发表看法。
>
> 我的意见是，如果此类申请通过有关申请人所在国家的授权机构直接呈交给印度政府，那才是比较正确的

---

① 英国驻喀什噶尔总领事吉兰致英国驻北京公使馆秘书公函，抄件藏英国国家图书馆东方与印度事务收藏品部，原印度事务图书馆外交与秘密档案，IOR, L / PS / 10 / 1018。

程序。[1]

此前，吉兰已将翟荫和溥爱伦申请去印度的情况提交给了在德里的英属印度政府外交与政治部。

英属印度政府外交与政治部于 1925 年 10 月 26 日致函在斯利那加的英国克什米尔驻扎官伍德（J. B. Wood），征求他的意见。11 月 9 日，伍德给英属印度政府外交与政治部部长布莱伊（D. de S. Bray）写了一份备忘录，全文如下：

> 关于哈佛大学霍拉斯·翟荫先生和溥爱伦先生计划经列城前往印度的备忘录。
> 参见印度政府外交与政治部署期 1925 年 10 月 26 日的 D. 2920-X 号批件。
> 由于列城道在运输与供应方面的困难，又由于下一个旅行季节计划前往拉达克的游客人数已满，英国驻拉达克联合专员认为，他无法满足申请者的要求。而且，如果申请人获准走这条道路旅行，那么联合专员就无法向三名英国官员提供运输和物资供应，这三名英国官员

---

[1] 1925 年 11 月 20 日英国驻华公使麻克类爵士致英国驻喀什噶尔总领事吉兰公函，抄件藏英国国家图书馆东方与印度事务收藏品部，原印度事务图书馆外交与秘密档案，IOR, L / PS / 10 / 1018。

已经申请批准他们于1926年经列城去中国新疆旅行的计划。

因此，我建议拒绝申请人提出的经列城进入印度的请求。①

这样看来，翟荫和蒲爱伦定于1926年来新疆考察并从新疆进入印度的计划并没有实现。

第二次福格艺术博物馆中国考察队显然没有达到预期的目的，基本上可以说是一次以失败而告终的考察。考察队想大规模剥移敦煌莫高窟壁画的计划完全化为泡影，想拍摄、研究敦煌壁画的计划也未能实现。关于这次考察队在时间上的损失，陈万里在《敦煌千佛洞三日间所获之印象》一文中说：

> 至五月二十日，到敦煌目的地。同行诸人所欲期望于千佛洞能居留三阅月者，不想因华尔讷君故，仅能住三日。且每日往返八十里，其确实消耗于千佛洞之考查时间，每日五小时。三日合计之，只十五小时。以费时

---

① 1925年11月9日英国克什米尔驻扎官伍德致英属印度政府外交与政治部外交秘书备忘录，抄件藏英国国家图书馆东方与印度事务收藏品部，原印度事务图书馆外交与秘密档案，IOR, L / PS / 10 / 1018。

百余日所获得者唯此,殊非意想所及。①

而美国人更是从经济上感觉到损失。陈万里 1925 年 5 月 23 日日记中记载道:"车中与汤姆生君闲谈,悉此来所费甚巨,结果仅能游览三日,以所费之数计算往游千佛洞之时间,计每秒钟费大洋四角。若以所费者与所获之摄片数计,则每片代价更属可观。"②

至于华尔纳,这次根本不敢在敦煌露面。虽然他始终顽固地坚持蔑视中国人民的态度,但已在精神上完全垮台。他本人于 1926 年不无感慨地说:"我万万没有想到,在短短的 7 个月时间里,整个中华民族就从沉睡中醒来,并且打了一个可怕的哈欠,吓得我们这些洋鬼子们全都夹着尾巴滚回了我们的公使馆里。"③ 从此以后,华尔纳再也不敢到中国西北地区旅行考察了。

---

① 陈万里《西行日记》,附录一《敦煌千佛洞三日间所得之印象》,第 135—136 页。
② 陈万里《西行日记》,1925 年 5 月 23 日条,第 94 页。
③ Langdon Warner, *The Long Old Road in China*, pp. 149–150.

十七 敦煌人民对华尔纳等人的警告

导致敦煌县署和安西县署竭力限制美国人考察或摄影的根本原因，是自从五四运动以来中国人民反帝爱国的热情的高涨和文物保护意识的提高。而 1923 年至 1924 年第一次福格艺术博物馆中国考察队从敦煌剥移壁画、拿走彩塑的行为，则更进一步地促使了甘肃人民的觉醒。

陈万里在 1925 年 5 月 20 日（阴历四月二十八浴佛节，这一天是敦煌月牙泉庙会）日记中，记录了他在敦煌警佐陆某的陪同下游览月牙泉后，陆某告诉他的一件事：

> 席散，闲谈片时，偕陆君进城。途中陆君告我，前任陆县长卸任后，行至新店子为人民所截留，非取还华尔讷所剥离之画壁不可。经陆君驰回敦煌，邀去绅士数人，始得和平了结。因此，杨县长对于此番外人游历，

颇为郑重。况镇、道叠有密令,不得不如此云。余唯唯。①

人民的觉悟,由此可见一斑。而人民对待前敦煌县长陆某的态度,也不可避免地影响到他的后任者在处理外国人考察敦煌事件时的政策。陈万里在《敦煌千佛洞三日间所得之印象》一文中曾说:

> 俄人所居之洞,毁坏更甚。据闻当年新疆白党,蠢蠢欲动,杨督遣送来甘。甘省当局以敦煌偏在西南,交通阻隔,易于防范,乃居留之于千佛洞。于是俄人寝食于斯,游憩于斯,而一部分之壁画遂受其踩躏矣。我深不料,敦煌人民,何以今日能拒绝华尔讷君西来,阻翟荫君诸人居留千佛洞,而于俄人之举动,竟若是其愤愤也?②

实际上,在俄国人居留敦煌莫高窟时,敦煌人民和以周炳南为代表的一些敦煌官员,就已经表现出积极保护文物的

---

① 陈万里《西行日记》,1925年5月20日条,1926年,第92页。
② 陈万里《西行日记》,附录一《敦煌千佛洞三日间所得之印象》,第144—145页。

意识。

1928年1月6日，凯乐从波士顿给斯坦因写了一封长信，在信中告诉斯坦因一条重要的信息：

> 我已经很长时间没有从塞克斯小姐那里收到什么消息了。说句老实话，我在给像她和您这样的人写信的时候，总觉得有点心虚，因为我无法回报从你们那里榨取的东西。我最近在纽约，碰见了一个来自北京的家伙。不幸的是，我把他的名字完全忘记了。他刚回到美国不久，他在中国待了很长时间。据他说，假如兰登·华尔纳和包括您在内的其他人胆敢返回敦煌的话，那你们就会处在极大的危险之中。向我提供消息的人声称，之所以会这样，原因是敦煌人现在有异常狂热的情绪。您本人、伯希和和其他人将他们的东西拿走了，伤害了他们的感情，使他们愤怒不已。想一想他们被激怒的样子，真觉得可笑。他们根本不懂那些东西，对那些东西也没有任何兴趣，你们把那些东西转移走了，竟也会惹他们生气。不过，也有可能是向我提供信息的人把事情搞错了。再说，无论如何您也不会打算再去敦煌吧。①

---

① 1928年1月6日凯乐致斯坦因信，藏牛包图，斯坦因手稿第89号，第30张。

凯乐在这封信中，转达了敦煌人民针对斯坦因、伯希和、华尔纳等人拿走敦煌文物而表现出来的愤怒情绪。但他本人竟觉得敦煌人民的这种愤怒情绪是"可笑"的，让他感到"可笑"的理由是"他们根本不懂那些东西，对那些东西也没有任何兴趣，你们把那些东西转移走了，竟也会惹他们生气"。这理由才真正滑稽可笑，不值一驳。

至于凯乐在纽约碰到的那个向他提供情报的人究竟是谁，因为凯乐本人忘记了姓名（也许他不愿意说），所以我们今天无从查明。从凯乐对他的介绍以及他给凯乐提供的信息内容来看，此人应具备以下条件：一是他和凯乐从1928年起相识，二是他曾在中国生活过很长时间，三是他于1928年返回美国，四是他对斯坦因、伯希和、华尔纳等人的敦煌考察比较了解。据我推断，具备这些条件的美国人只有一个，他就是欧文·拉铁摩尔（Owen Lattimore）（插图75）。拉铁摩尔出生于华盛顿，不满周岁时随父母来中国，12岁时从中国去瑞士和英国受中等教育，在英国中学毕业后于1920年回到中国，先在上海的英商安利洋行（Arnnold Brothers and Co., Ld.）任职，不久就转到英人办的《京津泰晤士报》任星期周刊编辑。1926—1927年间，拉铁摩尔在新疆朋友潘季鲁的邀请下，和新婚妻子先后来到新疆考察。1928年，拉铁摩尔首次返回阔别了28年的美国，此后仍然对中亚考察感兴趣，最终成为西方的中亚研究权威。我

插图 75　向斯坦因、伯希和、华尔纳发出警告的拉铁摩尔

在英国牛津大学研究斯坦因手稿时，曾发现一封拉铁摩尔于1931年致凯乐信的抄件，主要内容涉及斯文·赫定和斯坦因当时正在进行的中亚考察。从这封信中的语气上看，拉铁摩尔与凯乐之间的关系已经非常密切。因此可以断定，间接向斯坦因、华尔纳等人发出的警告声音，来自拉铁摩尔。华尔纳从1925年起就再也不敢到中国西北旅行，斯坦因在筹划、实施他的第四次中亚考察时也千方百计地避开河西走廊，都与此不无关系。

十八 华尔纳与哈佛－燕京学社的成立

第二次福格艺术博物馆中国考察队之所以在敦煌、安西一带未达到预期目的，除了当地群众在保护文物方面的觉悟提高这一原因之外，还有一个不可忽视的原因，那就是以陈万里为代表的中国知识分子阶层对地方官府的影响。由于陈万里在阻止美国考察队的过程中所起到的特殊作用，华尔纳后来对于陈万里一直怀恨在心。1926年12月26日，华尔纳给斯坦因写的第一封信中就对陈万里加以指责：

> 除了夸张的金钱神话以及王道士没有和村民们分享他的巨额财产这些原因之外，我相信还有一些麻烦可能是一个被称为陈万里博士的人引起来的，陈万里博士是我从北京大学带来的。北京大学的人乞求我们让他随我们同行，尽管我不太愿意带他一起来，但是最后我想

通了。我觉得，如果北京大学的人想要派一个间谍来监视我的行动，那我就带他一同旅行好了，这样可以让他们看明白我的诚心善意。如果北京大学的人派来的并不是间谍，那带着这个人也没有任何坏处。据翟荫告诉我说，陈万里博士从来也没有真正地相信过我们会遵守诺言，即不移走任何宝藏的诺言。直到最后时刻，他还是态度冷淡，充满疑心。当我和考察队汇合后，当全中国都在排斥外国人的消息传来以后，陈万里博士的奶奶也在北京病得快要死了。于是他离开了我们，火速赶回沿海地区（还得由我来出钱）。从那以后，他写了一系列的文章，讲述他是如何随洋人进行惊人冒险的。他硬是捏造说，我的那些年轻助手们怀有卑鄙可耻透顶的动机。①

华尔纳在1938年出版的第二次中国西北考察报告书《佛教壁画：万佛峡一个九世纪洞窟的研究》的"绪论"中，又以比较温和的语气攻击了陈万里：

> 在北京大学的郑重恳求下，在最了解形势的一些外

---

① 1926年12月26日华尔纳致斯坦因信，藏牛包图，斯坦因手稿第111号，第138—141张。

国人的建议下，我让北京大学医学院的一位职员陈万里博士加入了我们的考察队。他的任务是途中致力于为我们的利益服务，并在我们到达目的地后，帮助我们译解铭文题记。当我们到达该石窟的第二天，他便坚持要火速离去，说要赶回北京，要在他母亲的病床前服侍。我们此时发现，我们自己因此而变得好像是严重丧失活动能力的跛子一样。我恳求陈万里博士再多待一段时间，至少有足够的时间指出重要的题记，并试图提供它们的年代，结果徒劳。于是，我很不情愿地将我最快的骡子车给了他，还派我最好的车夫送他，给他发了薪水。还送给他额外的一笔钱，足可使他能加快行程，赶回沿海地区。那是我最后一次见到他，因为当我返回北京以后，他怎么也不肯来见我。不过，我在回来的路上，的确偶然发现他的急促并不能太令人相信。急促并没有妨碍他在兰州逗留了 14 天，还在凉州逗留了 10 天。在他途经的另一座城中，他逗留了一个星期或者更长的时间。我们之间曾经达成协议：在西行道路上发现的任何重要文物，都应该交给我，以供哈佛学院选购。但是我遗憾地要说，在他同考察队待在一起的时间里，他瞒着我买下了一件佛教写本，据信年代属于公元 6 世纪。写本中有 4 幅罕见的插图，画的是四大天王，也许是这一类绘画中在中国现存最早的作品。他竟将这件写本卖给了北京图书馆,我获准在北京图书馆检查了这件写本。我承认,由于高兴地看到这件写本现在恰好已经在它应该待的地方,我对失去这件写本所产生的遗憾感,也大大地得到了缓减。

我们并没有能够利用陈万里博士的服务。我之所以要提起他,是因为他在民族主义势力上升到最高峰的时期出版了一本书,讲述他的冒险旅行。他在书中解释说,他之所以要与美国人合作,是为了一种特殊的目的,即记录美国人的行为,防止他们的劫掠。更有甚者,他不辞辛劳地试图使人们对我们考察队的性质产生怀疑,他的这种方法也许值得我表示断然否定。

陈万里博士刚走,我们便发现,载着沿海各城市排外骚动新闻(甚至有所夸大)的电报,飞到了新疆的这片边境之地。旧中国一去不复返地死掉了。我们到处都不受欢迎,我们很难得被人民容忍宽容,我们的使命也很少能得以完成。在这样的时刻,我们失去了唯一的一位汉学家,的确是一件严重的事情。如果陈万里博士有胆量再和我们多合作几天的话,那么这本报告书便会更有意义。[1]

---

[1] Langdon Warner, *Buddhist Wall-Paintings: a Study of a Ninth-Century Grotto at Wan Fo Hsia*, Cambridge, Massachusetts: Harvard University Press, 1938, pp. xiii–xv.

华尔纳对于陈万里的指责，是没有道理的。他说陈万里在东归途中长期逗留于凉州、兰州等地，显然也是没有根据的无稽之谈，陈万里的《西行日记》可以为证。

在抗美援朝战争爆发以后，全中国各行各业掀起反美浪潮之际，陈万里也于1951年针对华尔纳的指责写了一篇文章，题为《美帝国主义文化侵略的一个事实》（后改题目为《美帝偷劫敦煌壁画的阴谋》），该文全文如下：

> 在这各处控诉美帝暴行的愤怒声中，我想把我一九二五年亲身遭遇到的一件美帝文化侵略丑史暴露出来，让大家看看美帝是怎样一副可耻可恶的面目。
>
> 事情是这样的，当时我在北京大学，有一天马叔平、沈兼士两先生约我去谈话，说是福开森的介绍，有一批美国人要去甘肃敦煌考察，北京大学可以设法派人同去。所以两位先生颇希望我能同他们一起去，看一看这一批外国人到敦煌去，是搞什么鬼的。因为敦煌的国宝被斯坦因、伯希和一班文化侵略者捆载而去了不知多少，我们不能不密切注意。两位先生站在爱护国宝的立场上来鼓励我督促我，我非常感动。所以当时虽有许多亲友不赞成我西行的，我却一无顾虑答应下来。
>
> 那一批考古团的主持者，是华尔讷（Langdon Warner）。他在一九二四年曾经去敦煌调查过，此番是

大规模的组织了一队，前往考察。据说停留在敦煌的时间，需要半年。队员中有翟荫，是代理队长。因为华尔讷留在北京尚有一段时间，调查队便先出发，他随后赶去。队员除翟荫外，有溥爱伦（此人后来在北京多年，说是研究戏曲），时达（摄影员），汤姆孙，石天生（医生）等五个美国人，此外有一位姓王的翻译，和三个工友。

离开北京以后，我先从王姓翻译那里，知道了华尔讷在第一次去敦煌的时候，曾经盗窃过几幅壁画，确是事实，因此我就时时注意他们的行动。同时在我们的大车行列中，果然有一大车的布匹，我等时时警惕我所负的任务。本来我从北京出发时候，已经知道华尔讷的行径，我们决定应该密切监视，设法防护。个中情形，当时除马、沈二先生外，只有马夷福（马叙伦）先生知道。

后来经过了相当时间（在旅途中）的注意，知道这一次调查队的唯一目的，就在大规模的完成上次华尔讷所试验过的剥离壁画工作。队中的汤姆孙，就是担任这个工作的专家。而主要的壁画对象，即是伯希和所编的一二〇洞，想要把这整个洞里所有的壁画粘去。这是多么可怕的行动呀！所以我到了兰州，到了肃州，以及到了敦煌的目的地，一一先与地方当局接洽说明，并研究我们如何保护国宝的方法。结果调查队原拟在千佛洞停留半年的计划，不为地方所允许，即以华尔讷之剥离、破坏、盗窃，为唯一拒绝他们的理由。当时调查队人员，自然无法掩护他们上一次不名誉的行动，也只好接受了这个限制，而且仅仅几天的游览，还要每天来回，不得住宿。因此调查队就决定游览了三天，离开敦煌，一二〇洞的宝贵壁画，就这样被保存下来了。

调查队经由新疆回来，我以使命已经完成，就一个人单独循原道先期回京。

这件事，到今天相隔已二十五年了。我们一直保守着这段故事，因为在已经一贯的亲美、崇美、恐美底（的）反动政府之下，这与他们维持所谓"传统的中美友谊"是不能相容的。可是华尔讷后来知道了那次所以失败的原因，见到了叔平先生，就大肆咆哮。据说回到了美国以后，碰到有人提起敦煌的事，还非常地愤怒。从这一件事实里，深深可以了解到美帝的文化侵略是多方面的。在一个以考古为掩饰的假面具之下，就露出了帝国主义者狰狞的面目。所以，我们在今天抗美援朝的高潮中，揭破他们的丑行，实在是必要的。[1]

---

[1] 陈万里《美帝国主义文化侵略的一个事实》，《新观察》第 2 卷第 1 期。该文后改题为《美帝偷劫敦煌壁画的阴谋》，转载于 1951 年 1 月 31 日出版的《文物参考资料》第 2 卷第 1 期，第 73—75 页。这里据《文物参考资料》转载的文章录文。

正是由于陈万里设法阻止了福格艺术博物馆大规模剥移敦煌壁画的阴谋，所以他将永远成为中华民族文物保护历史中值得称颂的人物。

第二次福格艺术博物馆中国考察的失败，以及华尔纳与北京大学合作关系的破裂，还在另外一个方面产生了重要的影响。当燕京大学校长司徒雷登从王近仁那里得知详情后，利用这一机会，挫败了华尔纳力主的与北京大学合作的方案，设法使燕京大学与哈佛大学单独合作，最终创建了哈佛－燕京学社。聂崇岐在《简述"哈佛燕京学社"》一文中谈到哈佛－燕京学社的起源时，说起一件事：

（霍尔）遗嘱执行团在美国选上了哈佛大学，在中国看中了北京大学。哈佛大学得到这笔款项，就行动起来。一九二四年，它派久居上海的美国流氓华尔讷先作探路工作——去敦煌千佛洞"考古"。这个流氓到达后，一方面收买庙祝，送了七十二银子的"香钱"，一方面就将一部分壁画连同泥皮剥下来，装运回国。这种盗窃勾当，引起当地人民很大愤慨，纷纷向县公署质问，弄得县知事十分狼狈。第二年初，华尔讷又来了，还组成一个小型的"敦煌考古队"。并且为了奠定将来合作基础，通过福开森，要求北京大学派人参加，于是由研究所国学门商定陈万里偕同前往。据陈氏所写的《西行日记》所载，华尔讷因故晚发，他的助手翟荫带"队"先走。经过三个月的长途跋涉，到了敦煌。可是这次"考古"，很不顺利。地方当局鉴于去年华尔讷给招致的麻烦，对这个"考古队"表面上虽然十分客气，骨子里却很不欢迎，借口困难，予以种种限制。而华尔讷虽然随后赶来，也没有敢去千佛洞。这群洋盗们真是"乘兴而来，败兴而归"，只带着一些照片回去交差。没想到华尔讷的失败，却给司徒雷登造成机会。

本来赫尔遗嘱的一切情形，司徒雷登是有所闻知而且打算染指的。但是由于燕京大学成立不久，美国人知道它的不多，不如北京大学之名声赫赫，难与相争，所以只好放弃前去争取的念头，可是心还是不死的。

恰巧有个燕京大学学生叫王近仁的，曾作过华尔讷的译员和事务员，在一九二五年秋，"敦煌考古队"解散后，返校复学。司徒雷登从王近仁处知道了华尔讷在千佛洞的盗匪行为以及和北京大学合作"考古"的失败情形，于是就下起手来，先辗转把这件事告诉了当时的教育部次长秦汾，由教育部知会外交部，以华尔讷的违反国际法行动为题，向美国驻北京公使提出抗议。这件抗议虽由美国政府敷衍了事，但哈佛大学觉得太不光彩，既不满意华尔讷，也不高兴北京大学。司徒雷登乘此机会，赶回美国，极力活动，结果完全成功。一九二八年春，哈佛燕京学社正式成立。①

其中关于司徒雷登通过中国教育部知会外交部、向美国驻北京公使抗议华尔讷违反国际法一节，引起我们关注。因为就此问题，我们还没有看到其他有关资料。

对于聂崇岐的这一说法，我们现在还无法证实。我们目前只能证明，华尔纳此后和司徒雷登之间的关系很不融洽。譬如司徒雷登在对待华尔纳等人支持斯坦因进行第四次中亚考察一事上，始终持强烈反对的态度。再譬如华尔纳1932年12月6日从哈佛大学给斯坦因写的信中所说的一件事：

> 自从您离开之后，燕京大学校长司徒雷登曾经到这里来过好几次。尽管他以前和这里关系密切，但他却一直小心翼翼，总是避免造访福格艺术博物馆的地下室。我确信，他隐约知道我对他有看法，我怨他竟和北京的古物保管委员会串通一气。②

---

① 聂崇岐《简述"哈佛燕京学社"》，《文史资料选辑》第25辑，北京：中华书局，1962年，第71—72页。
② 1932年12月6日华尔纳致斯坦因信，藏牛包图，斯坦因手稿第317号，第145—146张。

据我们分析，曾长期担任哈佛－燕京学社官员的聂崇岐，所说应该有所依据，不会是捕风捉影。但聂崇岐写作时，中国仍在反美高潮中，文章里夹带有感情色彩或夸张成分，也是可以谅解的。譬如文中将华尔纳说成是"久居上海的美国流氓"，就与事实不符。总之，这一说法还需要寻找档案材料来加以证实。

十九
华尔纳与斯坦因的直接通信

第二次福格艺术博物馆中国考察的失败,使华尔纳在中国名声扫地,迫使他决定开始"新生活",不再去中国西北考察。1925 年,华尔纳从中国返回美国哈佛大学后不久,就给盛克斯写信,说他下一步的打算是"做学问"[①]。从 1926 年到 1938 年,可以说是华尔纳一生中的"做学问"阶段。这 12 年是他一生中最安定的一个时期,主要为了"做学问"的目的,而定居在坎布里奇镇,为哈佛大学的本科生和少量研究生上一些与东方艺术有关的课程。他主讲的课程,是哈佛大学课表上的美术第 17 号课"东方艺术",为美国培养了一大批亚洲艺术专门人才。

华尔纳在这段"做学问"的日子里,首先做的一件事情,

---

① Theodore Bowie (Ed.), *Langdon Warner through His Letters*, p. 134.

就是与斯坦因建立了直接的联系。前文说过,华尔纳早就对斯坦因崇拜不已,而斯坦因也通过凯乐的介绍,在1924年就对华尔纳的敦煌考察工作有所了解。但是,华尔纳与斯坦因之间的直接通信,则始于1926年。1926年12月26日,华尔纳首先从哈佛大学福格艺术博物馆给斯坦因写了第一封信,主要段落如下:

> 我们共同认识一个人,他就是波士顿的卡尔·凯勒。在凯勒的建议下,我现在冒昧给您写信。他告诉我说,您很想知道敦煌在过去几年间的状况如何。您对敦煌石窟的生动描述也深深地吸引了我,使我迫不及待地想要代表哈佛学院福格艺术博物馆研究那些壁画。于是,我在1924年12月访问了敦煌。由于装备不足,我只在敦煌逗留了10天。其间,我的主要精力,都放在检查被伯希和编号为120N(285窟)窟的那个六朝洞窟里的最早壁画,还检查了一两个比较重要的唐代洞窟。两年以前,有大约400名俄国骑兵被监禁在那里,那些洞窟显然因此受到了很大的破坏。这些俄国骑兵在阿年科夫将军的带领下,被布尔什维克追赶到这边来了。布尔什维克劝说新疆省都督,将他们拘禁起来。在一些最精美的佛教壁画上面,到处都刻画着他们的部队番号和他们的姓名。因此,我就说服您的老朋友王道士,使他允许我

剥下来3方唐代壁画残片，并移走一尊彩塑泥像，我对此毫无良心上的谴责。关于那尊彩塑泥像，我最近已经著文发表，并且将一册论文给您寄到大英博物院。我剥下来的壁画残片大小不一，大者长两英尺，小者长半英尺，是从已经部分被毁损的画壁上挑选的。我相信，无论是您，还是您的保护神玄奘，都不会怪罪我的汪达尔主义行为。

仍然保存下来的可用于研究的材料实在太多了，而且范围广阔，种类众多。所以我决定，在次年再进行一次较大规模的考察，在当地至少逗留六个月的时间。当我离开敦煌石窟和敦煌县城的时候，我相信我的声望还特别高。敦煌县的县长请我吃饭喝酒，敦煌县的名流举行仪式送我上路。完全出于偶然，我特意将我的所作所为告诉了县长。我还告诉他说，我没有看到任何敦煌卷子，剩下来的一些敦煌卷子显然全被俄国人拿走了。第二年，我又返回，带着一全套照相器材和四名帮手，打算拍一些详细的照片，以补充伯希和教授出版的那些有价值的著作和图版。顺便，我还特别希望能获准移走更多的一些壁画，将一个小窟室中的壁画全部移走。为了使所有的学者都获得益处，我本打算在北京将它重建起来，只为哈佛大学保留一些具有代表性的残片。由于我在途中有一些急事要办，所以我就不得不先派我的考察队去敦煌,先我几个星期,他们由我的朋友霍拉斯·翟荫率领。进入甘肃境内以后,他们感觉到当地官员们对他们产生了很大的怀疑。翟荫多次给我写信、打电报说,他发现他绝对有必要以我的名义并以他本人的名义做出保证,保证我们不移动任何东西。当我后来赶到甘肃各地时,我也向同样的官员们做出了同样的保证,真让人感到懊悔。当我到达安西县的时候,翟荫迎接了我。他给我带来的消息是,他们在敦煌时,遇到成群结队的人们围攻骚扰,他们还被禁止前往石窟。面对着巨大的困难,他们说服当地官员,允许他们对石窟寺连续访问3天,但晚上不能住在石窟寺。卫队一直监护着他们,他们必需得到保护,以免遭群众的袭击。我的县长朋友,好像是因为允许我拿走大量珍宝而被撵走。他的继任者,也因为没能将我擒获(不管是死是活)而被驱逐。可想而知,现在的县长简直吓得两腿打哆嗦。我竟然还想再访敦煌,那不是白日做梦吗。他们领着翟荫看了整个山坡,说是我把石窟寺给炸毁了。那一年发生了干旱和局部饥荒,我也得为此负责任,说是我使用闪光灯拍摄照片惹得神灵大为震怒。……事情发展到如此糟糕的地步,以致于翟荫不得不撤退到安西县,在那里等我到来,以便向我发出警告。我急不可耐地要奋勇前进,但是他们最后劝我说,如果我出场了,将会使事情变得更坏。您对敦煌的访问，伯希和对敦煌的访问，以及我本人对敦煌的访问，现在都被夸张为大规模的盗匪抢劫队伍。所有的外国人，现在都是嫌疑犯。正在此时，来自沿海地区的一封封电报打到这里，无限夸张地描述了英国人在上海开枪杀人的事件，这更是火上浇油，事情搞得一团糟。我知道，您一定会责备我，说我不够机智老练，说我导致外国人在甘肃西部地区变得不受欢迎。我唯一的辩解就是，不论翟荫也好，我本人也好，以前从来没有在中国惹过麻烦。尽管我们一遍遍地自我反省，看做了什么对不起良心的事情，但是我们怎么也找不出来，我们没有任何举动应该激起民众的不满。……

　　我返回时，有护卫队监送。途中，得以在您的万佛峡石窟逗留了短短的一个星期。我们在万佛峡拍摄了一组非常有意义的照片，可以补充您发表了的那些照片。不用说，如果您愿意使用这些照片的话，它们可以随时为您效劳。如果您不想用它们的话，那我可以从它们中间挑出足够的部分，既有意义，又有质量，可以出一本画册，再配上很少一点文字。在同一地区，我们还考察了另外3组石窟寺，或者已被毁坏，或者已被装修过。不过，在一处遗址里还保留有大约一平方码的六朝壁画。这幅壁画已经几乎被涂抹殆尽了，没有什么大的重要性，只是可以用来证明该遗址的年代。

我们全都急切地等待着大著《亚洲腹地》的问世，也等待着您对亚历山大大帝东征路线考察成果的问世。我听说，法国人明年保不住他们在阿富汗的考察特许领地了，原因是缺乏资金。我非常希望您有可能对那片犍陀罗故地勘踏一番，给您的考古学宝囊里增添一些新的内容。毫无疑问，福色尔已经做了很多重要的工作，但是我总是忍不住要想：犍陀罗艺术在整个东方的影响力，是否被有所夸大了。

我冒昧地给您寄上有关我第一次敦煌旅行的通俗游记，等我写给福格艺术博物馆的报告书发表以后，我当然也会给您寄去。您在收到这本书后，不必写信通知我，它只不过是为混饭吃而粗制滥造的小作品。写它的目的，是能引起美国人民对东方问题的关切。

您的宝贵时间是用来进行学术工作的，百忙之中请不必费心答复这封长信。我把这封信看作是一份报告书，您理应得到这份报告书。[①]

这是华尔纳给斯坦因写的第一封信（插图76）。斯坦因收到

[①] 1926年12月26日华尔纳致斯坦因信，藏牛包图，斯坦因手稿第111号，第138—141张。

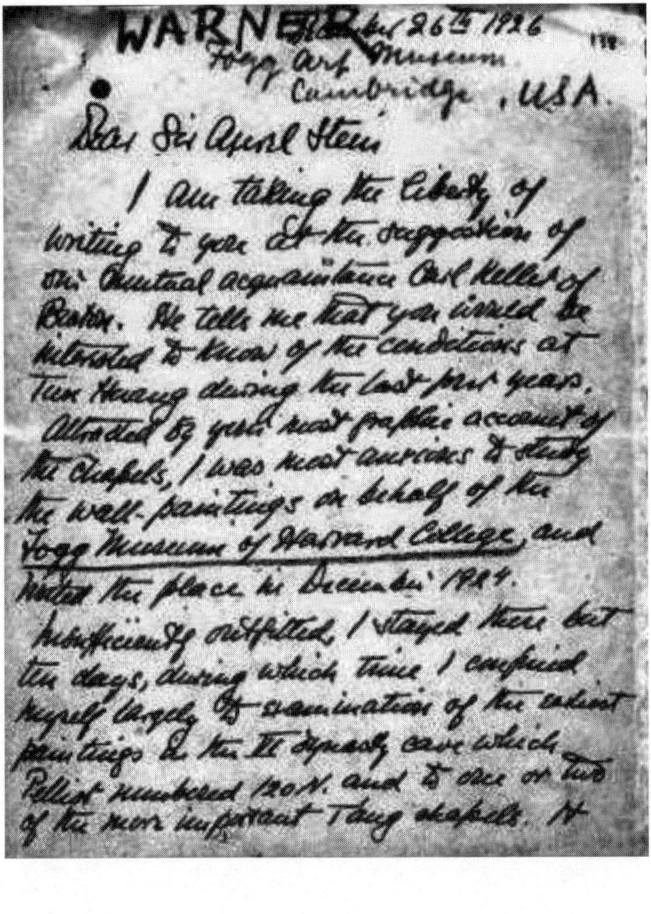
WARNER December 26th 1926 118
Fogg Art Museum
Cambridge, USA.

Dear Sir Aurel Stein

I am taking the liberty of writing to you at the suggestion of our mutual acquaintance Carl Keller of Boston. He tells me that you would be interested to know of the conditions at Tun Huang during the last few years.

Attracted by your most graphic account of the chapels, I was most anxious to study the wall-paintings on behalf of the Fogg Museum of Harvard College, and visited the place in December 1924. Insufficiently outfitted, I stayed there but ten days, during which time I confined myself largely to examination of the earliest paintings in the VI dynasty cave which Pelliot numbered 120 N. and to one or two of the more important Tang chapels. It

插图 76　华尔纳于 1926 年 12 月 26 日写给斯坦因的第一封信

这封信后，于 1927 年 2 月 21 日从俾路支斯坦的考察营地给华尔纳回信，信文主要段落如下：

您于（1926 年）12 月 26 日给我写来了详尽而非常有趣的一封信，这封信是几天前才寄达我手中的，当时我就在位于俾路支斯坦北部边境的这个地方。为此，我必须衷心地向您表示感谢。我现在正沿着西北边境省的这片地区，进行一次漫长而紧张的考古学考察旅行。因此，我在眼下不能给您写去太详细的回信，尽管我非常想这样做。不过，请您务必放心，我确实非常感谢您，因为您能按照我们的共同朋友凯乐先生的建议，给我写来了如此详细的一封信，信中描述了您在千佛洞的经历。您本人应该知道，对您关于自己最后一次在千佛洞的经历的那些叙述，我将怀有多么大的兴趣。

您为了研究中国美术史的目的而进行的第二次考察，竟被如此愚蠢的阻挠行为所挫败，我的确感到非常遗憾。这种阻挠行为，无疑是时代的一个迹象。但是我始终觉得，敦煌人民淳朴虔诚，任何一个挑拨是非的人，都很容易利用他们的迷信等方面的心理去左右他们。我在《契丹沙漠废墟》一书中，试图说明这种印象，但是大概低估了地方情绪一旦被唤起后产生的力量。

我特别感到难过的是，我的老朋友王道士竟也成了牺牲品，而且受到了那样不公正的对待。恐怕他一定会将他遇到的绝大部分麻烦，都和我本人对他进行的最初访问联系起来。不用说，对您报告的有关那些俄国难民在千佛洞里造成破坏的情况，我也感到非常遗憾。

我已经及时地收到了您的那篇文章。您在文章中，谈到您自己第一次访问千佛洞的情况，还谈到您得以带往安全地点的那件非常有意义的彩塑作品。

您好心答应给我寄一本您的报告书，我当然也非常欢迎。您探索到了其他一些石窟寺遗址，若能从您的书中了解到有关其中残存遗物的某些事情，我将感到非常有趣。我敢肯定，由您本人根据它们出版一本画集，将是非常有用的。

《亚洲腹地》的最后几章，涉及我在锡斯坦的工作，我已经在去年12月将这几章交给了牛津大学出版社。这部书的绝大部分已经印好，如果索引等部分的编制工作一切顺利的话，我可以指望这一卷在今年年底发行。

您特别胜任您现在所从事的研究领域，我衷心地祝愿您将来的研究工作一切顺利。[1]

---

[1] 1927年2月21日斯坦因致华尔纳信，藏牛包图，斯坦因手稿第111号，第142—143张。

这是斯坦因给华尔纳写的第一封信（插图77）。从此以后，华尔纳和斯坦因之间便开始了频繁的通信往来。最终的结果，是华尔纳会同凯乐等人，不仅促成哈佛大学邀请斯坦因赴美讲学，还促成斯坦因于1930年至1931年间代表福格艺术博物馆和哈佛-燕京学社，进行了他的第四次中亚考察。

1927年，日本美术史家矢代幸雄创建东京美术研究所（今东京国立文化财研究所的前身），要求与华尔纳进行学术合作（插图78）。1928年2月，华尔纳前往日本，计划去东京美术研究所以及京都、奈良、大阪等地的寺院访问，目的是更深入地研究日本推古时代雕刻，然后在秋季学期开学前返回美国。

在前往日本之前，华尔纳和他的朋友翟荫、贝尔等人计划创办一份东方艺术与考古季刊杂志。华尔纳的老师冈仓觉三曾于1889年在日本创办著名的《国华》杂志，对于介绍亚洲美术（包括中亚、敦煌美术）起了很大的作用。华尔纳非常想效法他的老师，在美国办一份英文杂志，旨在向西方介绍东方美术。1928年，由贝尔、华尔纳和翟荫联合主编的季刊《东方美术》(*Eastern Art*)杂志在费城创办。华尔纳去日本之前，在为《东方美术》第1卷组稿时，曾经写信向斯坦因约稿。1928年2月7日，华尔纳给斯坦因写信，主要段落如下：

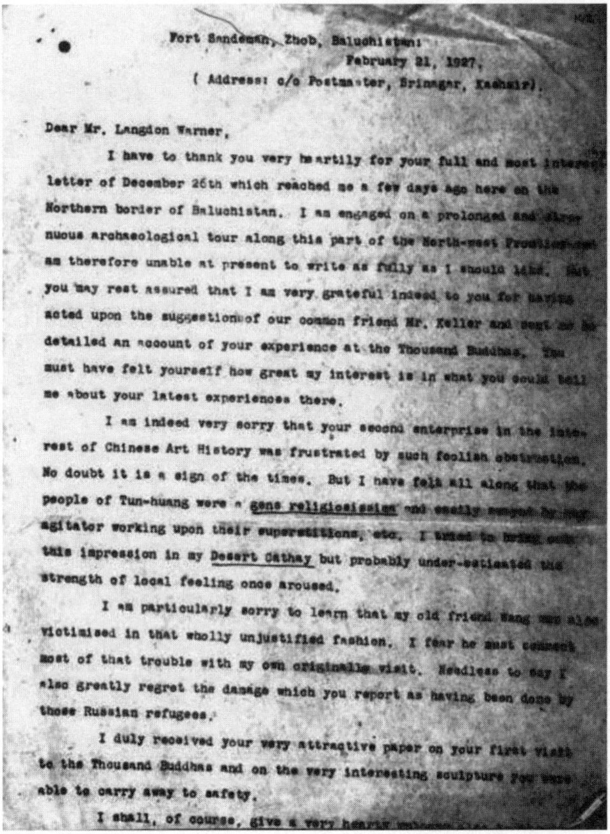

插图 77　斯坦因于 1927 年 2 月 21 日写给华尔纳的第一封信

插图 78　华尔纳的日本好友矢代幸雄

我非常明白您现在将全部的精力都放在您即将出版的大著上面,我也知道您的这项极为重要的工作是不应该受到任何打扰的。尽管如此,我还是代表我的朋友哈密尔顿·贝尔和霍拉斯·翟荫给您写信,询问您是否有什么文章或论文,愿意发表在一份亚洲研究季刊杂志的创刊号上。我们经过了多年的准备,现在终于可以出版这份杂志了。

　　您尽管放心,不管您投来的是什么样的稿件,它都会找到很好的伴侣。因为我们已经有一个长长的名单,包括欧洲人和东方人,他们答应投稿。稿酬微薄,只是每页5美元的样子。但是我明白,对于这种事业来说,这点稿酬还不算少得出奇。您还可以感到放心的是,杂志的版式、印刷和插图水准都是非常高的。我们的赞助人已经提供了经费,用于支付第一年的费用。

　　在投稿人名单中(我本人并不掌握这份名单),有斯特里斯戈斯基(Stryzgowski)、伯希和、劳费尔、宾雍(他在几年前就答应投稿了)、胡适、关野贞,还有日本、法国、德国、荷兰、瑞典、中国、印度支那和印度的另外十几个人。

　　从3月份开始,到9月份为止,我将住在日本,不怎么参与该杂志的事务性工作,9月份以后也是如此。因此,杂志的通讯地址是:美国,宾夕法尼亚州,费城,费尔蒙特公园,宾夕法尼亚博物馆管理员,霍拉斯·翟荫先生收。

不管是直接的还是间接的,都用不着我向您指出:您的投稿将在许多方面有助于美国的东方学研究事业。在与东方学研究有关的领域里,您的姓名也许是许多美国人所知道的唯一大名。帮助激发我国人对东方学研究的兴趣,其成果是无限辉煌的。因为您知道,我的同胞们对于外国的研究,和对于我们自己国家的研究,是同样慷慨大方的。我相信,如果您能助我们一臂之力,您将会得到一个意想不到的、可喜的反响,其结果也许是非常重要的。正是由于这些原因,所以我毫不犹豫地拿起笔来,给一个大忙人写了信。①

斯坦因收到华尔纳的这封信后,于 1928 年 5 月 6 日给在日本的华尔纳写了一封回信,可惜这封回信的复写纸抄件无法辨认,不知他如何答复。

《东方美术》杂志的第 1 卷于 1928 至 1929 年间出版,但 1931 年出版了第 3 卷后便由于经济大萧条等缘故而停办。华尔纳在这三卷杂志上面没有发表文章,翟荫在第 2 卷上发

---

① 1928 年 2 月 7 日华尔纳致给斯坦因信,藏牛包图,斯坦因手稿第 111 号,第 144 张。

表了《泾河流域的佛教石窟》一文①,介绍他在泾川考察石窟寺时的一些考古学结果。

华尔纳于 1928 年在日本逗留期间,还曾计划过与德国勒考克、俄国克兹洛夫等中亚考察家一起在蒙古高原进行考古发掘工作。他在从奈良给盛克斯写的信中曾经提到过:

> 如果我能将经费节省下来的话,明年 2 月份我想和冯·勒考克合作一两个月。我们想一起去俄国,去和科兹洛夫以及其他一些正在进行发掘的家伙们一起,将断线头捡起来。他们邀请我过去,甚至暗示我可以做一些田野工作。但我们是否能保留发掘物,就没有任何保证了。如果我有把握获准保留发掘物,那我就立刻前往我向往已久的特斯河(Tess)河谷②,然后带回一个装满斯基泰铜镜的大袋子。这一大袋子东西,足可以让伯希和稳坐在他的教授宝座上。③

但是,华尔纳显然再也没有实现过他的中亚考察愿望。

---

① Horace Jayne, "The Buddhist Caves of the Ching Ho Valley", *Eastern Art*, Vol. II, 1930.
② 特斯河位于蒙古国西北部和俄罗斯交界的地区,上游和下游位于蒙古国境内,中游位于俄国境内。
③ Theodore Bowie (Ed.), *Langdon Warner through His Letters*, pp. 144–145.

二十 华尔纳拉拢斯坦因为哈佛大学效力的经过

斯坦因的第四次中亚考察,是中亚考察史上的一个重要事件。这次考察实际上是为哈佛大学进行的,而促成斯坦因为哈佛大学进行考察的人,则是华尔纳等。关于华尔纳等人拉拢斯坦因的过程,我们在此不便详述,只引几条资料就足以说明。

1929 年 7 月 25 日,斯坦因在应邀参加英国国王乔治五世在白金汉宫举办的花园聚会后,从伦敦给牛津的阿伦夫人（H. M. Allen）写的信中说：

> 国王陛下非常亲切地问我,是否正在筹划其他的考察,准备去哪里考察？我的回答当然是：我急于要去我经常出没的那个老地方,再进行一次旅行。国王的仁慈关怀和垂问,将是对我莫大的鼓励。

当我回到这里时，我发现亲爱的兰曼打来的一份海底电缆电报。电报上告诉我说：兰登·华尔纳已经给我写信。他能够搞到钱，给钱的人允许我放开手自由地去干，不会用巡回讲演和观光旅游这类事纠缠我！①

1929年8月18日，华尔纳从哈佛大学福格艺术博物馆给斯坦因写信如下：

我们的朋友凯乐，已经将您的第二份电报和您的信以及信中的附寄物交给了我。您附寄的东西是您以前策划的考察方案，不过正如您所说的，它仍适用于作为一次新考察的根据。

我急于要告诉您的是，盛克斯教授已经满怀着他平常就有的那股热情，将这件事包揽在他自己身上，他有指望获得您所提到的经费。当他去向洛维尔校长汇报此事时，他高兴地获知，您已经接受了校长的邀请，准备于今年的冬天来这里做一系列洛维尔讲座。不用多说，我对此也是非常高兴的，因为这将给我一个机会，使我能和您详细地谈一谈有关旅行诸方面的事情。这事用嘴

---

① 1929年7月25日斯坦因致阿伦夫人信，藏牛包图，斯坦因手稿第21号，第33张。

讨论，比用一封信讨论要容易得多。盛克斯教授告诉我说，校长对中央亚细亚考察很热心。对于佛比斯、盛克斯和我本人来说，校长在精神和道义上给予的这种支持，将会使我们在获取必要的经费时感到容易得多。哈佛大学是不能够通过挪用学校普通经费的方法来资助这一类考察的，必须从另外的途径获取经费。盛克斯认为，最好等待几位最有可能捐款的人到来，在9月份之前先不要急着干这件事情。尤其是，他希望能得到他的一位朋友的极有帮助的答复，他的这位朋友现在南美。我们大概在9月份的第3周，便能够向您报告实质性的进展情况。同时，我毫不犹豫地在私下告诉您说：盛克斯教授和佛比斯先生一旦想要做什么事情，他们是绝不会半途而废的。

盛克斯和佛比斯想让我告诉您说，只要您来我们这里，那么商谈与大英博物院合作的细节一事，将肯定是简单的。不过，假如这种合作化为泡影，我们仍一如既往地希望，这次考察能完全由我方维持进行到底。

根据我和馆长们长期合作的经验，我敢向您保证：当您在秋季需要挑选一位随从工作人员时，他们的态度将会是完全通情达理的。您在整理考察成果阶段居住在什么地方，完全由您自己决定，他们的态度也是通情达理的。不过，假如您在哈佛大学看不中一个人或一些人，不认为他们的训练水平和品质足以让您带着他们去野外帮忙，那可真是咄咄怪事。

您只字未提您自己的薪水问题，也未提到将来应该留作出版费用的钱数。很希望您能写来一封信，告诉我您对这两点问题的一些想法。然后我再转呈给盛克斯，他想立即知道有关这两点问题的情况。

我再重复说一遍，如果您能在今年冬天来这里，我们所有的人都会感到非常高兴。我们可以就您过去的工作和您未来的计划，进行直接了解。您将会发现，我们当中的某些人，是您的大著《塞林底亚》《亚洲腹地》以及您关于克什米尔的大部分著作的热心读者。[①]

同一天，即1929年8月15日，凯乐也从波士顿给斯坦因写了一封信。信中建议，斯坦因于12月到美国哈佛大学后"便可以同华尔纳先生和盛克斯博士一起深入讨论有关中央亚细亚考察的所有问题了"，并且说"盛克斯博士和华尔纳先生已经开始忙碌起来，寻求他们所需要的资助，他们在这方面的成功纪录是百分之百"。他鼓励斯坦因说："您尽管放心，他们会一心一意地按照您的旨意来做这件事；您将会发现，他们是您生平遇到的最讨人喜欢的和最通情达理的合作

---

① 1929年8月15日华尔纳致斯坦因信，抄件藏大英博物院档案部。

者。"凯乐在该信中提出的愿望是："如果您能再碰上类似敦煌那种事情，并给哈佛大学带回来一些如同我在大英博物院看到过的那么珍贵的宝物，那该多好呀！"[1] 从以上事实，可以看出凯乐、华尔纳、盛克斯等人拉拢斯坦因的真实目的。

斯坦因于 1929 年底和 1930 年初第一次访问美国，并且第一次了解了由佛比斯领导的哈佛大学壁画剥离技术。斯坦因在 1930 年 1 月 10 日日记记载说："佛比斯让我看了他的化学研究：分析颜料、凡利水（清漆）等物。"[2] 1930 年 1 月 13 日，哈佛大学校长和董事会任命斯坦因为"福格艺术博物馆亚洲研究名誉研究员，任期从 1930 年 1 月 13 日起"[3]（插图 79）。

1930 年春天，当斯坦因为访问中国南京而途经美国时，再次领教了哈佛大学的壁画剥离技术。1930 年 3 月 20 日，斯坦因和他选拔为第四次中亚考察助手的耶鲁大学地质系研究生布拉姆莱特（Bramlette），在福格艺术博物馆参观了佛比斯和哈佛大学壁画剥离专家乔治·斯托特（George L. Stout）演示的壁画剥离方法。斯坦因在当日记事簿上记载

---

[1] 1929 年 8 月 15 日凯乐致斯坦因信，抄件藏大英博物院档案处。
[2] 斯坦因 1930 年 1 月 10 日日记，藏牛包图，斯坦因手稿第 250 号，第 20 张。
[3] 1930 年 1 月 13 日哈佛大学校长和董事会办公室秘书致斯坦因任命状，藏牛包图，斯坦因手稿第 21 号，第 235 a 张。

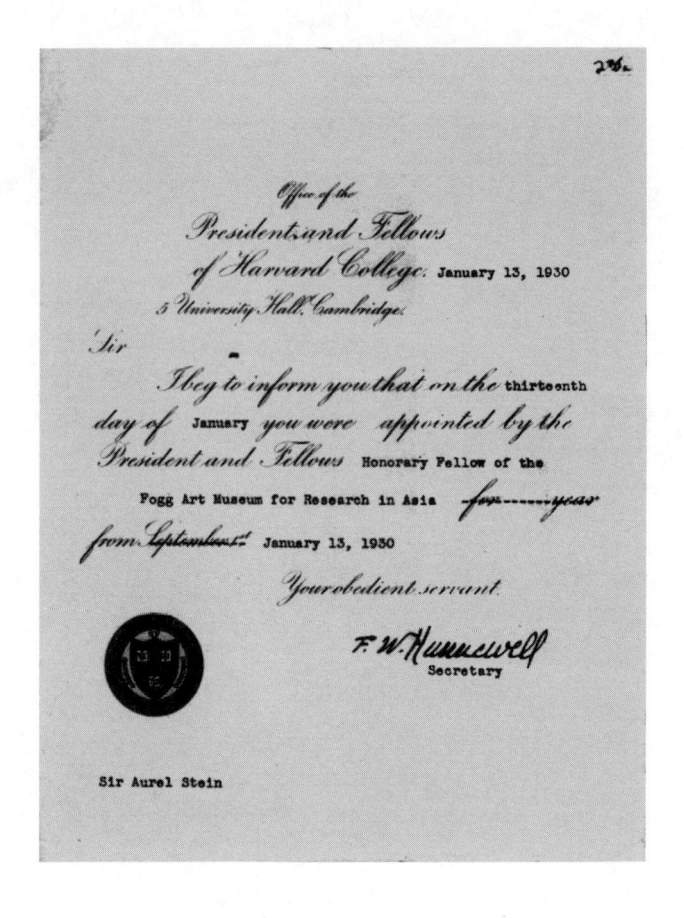

插图 79　哈佛大学任命斯坦因为"福格艺术博物馆亚洲研究名誉研究员"的委任状

说，他在当日"会见布拉姆莱特，观看佛比斯的壁画处理方法"①。斯坦因在当日日记里更详细地记载说："佛比斯和斯托特向我们展示他们研究出来的剥离壁画的新方法，直到傍晚6时30分。"②（插图80）1930年3月22日，斯坦因以信的方式给布拉姆莱特发布指令如下：

  当你在哈佛大学福格艺术博物馆的时候，已经多多少少看到了被推荐用来剥移壁画的那种方法。为达到剥移壁画的目的，我在考察时打算随身带上数量有限的一些化学品。我特别希望你能够在福格艺术博物馆获得实际操作经验，以便届时能使用这种方法。为了这个学习目的，兰登·华尔纳先生将给你提供一切必要的便利条件。必需的化学品将不得不由你从福格艺术博物馆带来。至于需要的物品清单，将由我直接转交给兰登·华尔纳先生。③

斯坦因离开哈佛大学前往中国后，布拉姆莱特遵令到哈佛大

---

① 斯坦因1930年3月20日记事簿，藏牛包图，斯坦因手稿第184号，第66张。
② 斯坦因1930年3月20日日记，藏牛包图，斯坦因手稿第250号，第57张。
③ 斯坦因1930年3月22日致布拉姆莱特信，藏牛包图，斯坦因手稿第52号，第86张。

插图 80　哈佛大学的壁画剥移专家斯托特

学福格艺术博物馆,学习剥移壁画的方法,而且很快就掌握了这套方法。不过,华尔纳在其中起到的作用似乎不是很大,原因是他在此期间一直住院治病。

当斯坦因开始踏上他的第四次中亚考察之路后,华尔纳于 1930 年 8 月 23 日从福格艺术博物馆给斯坦因写信,主要段落如下:

> 我刚花了一个小时的时间,浏览了福格艺术博物馆里的"斯坦因文件",真是引人入胜。我是想通过来往通信中反映的情况,捕捉到您的行踪和所作所为。我本能地意识到,不应该写信打扰您繁忙而紧张的生活,显然我是对的。最初几步棋走得好,您充分利用了您一直具有的精打细算和深谋远虑的本领。我们都希望,最坏的困难已经被您甩在了身后。我承认,当我看到迈尔斯·蓝普森爵士的电报时,我感到非常吃惊,心都快要提到嗓子眼里去了。蓝普森爵士在这份电报里告诉您说,中国的古物保管委员会提出抗议,中国外交部也提出声明。如果您是和诚实的人打交道,那么我坚信,您的答复(不用说您在过去的记录了)一定会使他们安静下来。事实上,我更信赖他们和新疆之间的遥远距离。假如横穿大陆的电报线被切断几个月,那么我就会觉得更安全了。对于在坎布里奇的那两天不愉快时间,我还

记忆犹新。此前我觉得有责任在我过高的心愿上泼一盆冷水,于是我说,我相信在中国本土的工作是不可能的。如果您能在新疆从事您的工作,那么您就是创造了奇迹,当然我完全相信您能。

印度方面同意转借测量员和勤杂工,这是一个大好消息。喀什噶尔的潘季鲁愿意忠实地帮助您,这也使人快慰。潘季鲁一定属于可怜的中国今天急需的那种类型的人才,就好像他父亲潘震在从前一样。我也曾见到过少数几个这种类型的人才,只是数量太少了,我珍重对他们的回忆。

我很少见到布拉姆莱特,因为我一直住在医院里。但是盛克斯和斯托特对他把握新问题的那种方式,感到很满意。让人高兴的是,斯托特发明的那套野外技巧,好像已经达到了可以安全使用的地步。假如一年前说这话,那还不能算是真话,我们还不能对您有多大用处。在以前的几次考察中,假如我在野外工作时使用了这种新化学品,那我本来应该有大量的收获。在我的请求下,罗斯托夫兹格(Rostovtzigz?)从耶鲁大学派了一个人来这里,目的是看看斯托特的工作。但是我听说,若和布拉姆莱特相比,这个人的悟性不太高,对化学品使用技巧的掌握也不够熟练。

我的鼻窦动了个小手术,然后就在今年的春天住医院。出院后，大家都满怀同情地告诉我说，我应该去国外转转。但我这人蠢得出奇，当我的一个愿望得到了满足，获准可以在一处还不算坏的隐居地养病后，我就依旧上蹿下跳，东奔西跑。病是养好了，但我发现我仍然对城市的交通感到恐慌，成天提心吊胆。在过去的两年间，我一直这样，实际上根本无法真正享受伦敦或巴黎的生活。当我追寻留在记忆中的德文郡的那种宁静之地时，却遭到了奇形怪状的野生大虫们的袭击。罗伊·查普曼·安助斯见到它们时，一定会感到欢心，假如他能在蒙古发现它们的骨骼化石的话。于是我仓皇逃离，回到了破破烂烂的福格，坐在我那冰凉的办公斗室里，没有人来打搅我。①

根据我们目前掌握的材料看，斯坦因在第四次中亚考察期间由于受到严密的监视，根本没有实施剥移壁画的机会。

当斯坦因结束第四次中亚考察后，华尔纳于 1932 年 12 月 6 日从哈佛大学福格艺术博物馆给斯坦因写信吹嘘道：

我相信您现在对哈佛学院感到满意了吧。经济大萧

---

① 1930 年 8 月 23 日华尔纳致斯坦因信，藏牛包图，斯坦因手稿第 22 号，第 12—14 张。

条还没有使我们消沉。我们放弃了一切扩张的念头，全都忙忙碌碌地做着我们自己的本职工作。我敢肯定它有助于我们修身养性。我自己的工作仍然是：设法加强我们系里的东方艺术力量。我的老朋友矢代幸雄教授这个月要来这里，后半年在这里讲学，我正满怀喜悦地翘首盼望着他的到来。博学的叶里绥（Serge Elisseeff）从巴黎来到这里，讲授日本历史课程，他极为热心地给我撑腰。看上去，佛教哲学、汉语、日语和远东艺术，真的好像用不了多少年就会终于在愚昧无知的坎布里奇（哈佛大学）得到尊重和关注。至少我敢夸口说，在选听我的课的那些人当中，绝没有人不了解您的《塞林底亚》《亚洲腹地》和《古代和阗》，没有人不对它们鞠躬膜拜。

……

我们没有见到老兰曼。他两耳失聪，不便到处走动。不过在去年夏天，他竟公然违背医生的命令，驾着他的单人划艇在河上游荡，直到10月份。我只在大街上碰见他一次，老头子满嘴脏话，说得我心花怒放。不过他在谈起您时，仍充满着无限的爱戴与尊敬之情。[1]

---

[1] 1932年12月6日华尔纳致斯坦因信，藏牛包图，斯坦因手稿第317号，第145—146张。

在华尔纳等人的联络下，斯坦因与哈佛大学的关系一直持续不断。直到去世时，斯坦因还担任着"哈佛大学福格艺术博物馆亚洲研究名誉研究员"一职（插图81、82）。

插图 81　哈佛－燕京学社第一任社长叶理绥

插图 82　斯坦因的师兄、哈佛大学梵语教授兰曼

二十一
华尔纳与伦敦中国艺术国际展览会

1928 秋天,华尔纳从日本返回美国后,负责在福格艺术博物馆建立远东美术专业图书馆。该图书馆集中了他本人搜集的 3000 幅拓片,和大量的照片等其他研究资料。住在巴黎的汉奸卖国贼古董商卢芹斋(C. T. Loo),也向华尔纳提供了一批照片(插图 83)。此外,华尔纳在 30 年代初还帮助费城博物馆、福格艺术博物馆、克里夫兰美术博物馆、密苏里州坎萨斯城威廉·洛克希尔·奈尔逊美术馆搜集东方美术品。其中值得一提的,是他对奈尔逊美术馆的帮助。

华尔纳于 1930 年前后接受了奈尔逊美术馆顾问的职务,帮助该馆搜集东方美术品。华尔纳首先建议该馆董事会,任命他的朋友罗伦斯·史克门为该馆东方美术品部主任。稍后,史克门获得 1930 年至 1934 年间的哈佛－燕京学社奖学金,赴北京深造,实际目的是为奈尔逊博物馆搜集文物。1932

二十一 华尔纳与伦敦中国艺术国际展览会 | 265

插图 83 汉奸卖国贼古董商卢芹斋

年，华尔纳到中国走访古董商，为奈尔逊美术馆搜集购买文物，一直由史克门陪同。由于福格艺术博物馆两次敦煌考察的恶劣影响，华尔纳在中国的处境尴尬。但是，他还是帮助奈尔逊博物馆，获得龙门石窟宾阳洞北魏浮雕礼佛图的一部分。

华尔纳早在日本留学时，就从他的导师冈仓觉三那里听说过龙门石窟，1914年又亲自考察过该石窟。他认为，其中的宾阳洞北魏浮雕皇帝皇后礼佛图，是中国雕刻史上最杰出的作品。由于古物盗窃活动猖獗，这套浮雕作品竟在30年代初被不法古董商盗凿，零星残片先后出现在北平和上海的古董市场上。华尔纳认识这些浮雕，知道它们的价值，于是建议奈尔逊博物馆将其中一部分购下。而另外的部分，则被曾任第二次福格中国考察团团员的纽约大都会美术博物馆东方部主任溥爱伦购得。关于宾阳洞浮雕被盗以及被美国人购下的情况，溥爱伦曾记录说：

> 一九三三年至三四年间，宾阳洞的男女两面礼佛图浮雕人物的头部和身体衣带的碎片，渐在北京古董市场上出现。它们是这样被盗的：龙门附近，虽然有一个小镇在看守，但夜间有人从河对岸涉过半人多深的水前去盗凿。他们将碎石片送到郑州，经古董商收买之后，再运到北京去拼凑起来。……幸亏两个美国博物馆拯救了

这些浮雕，那就是坎城的纳尔逊艺术馆，得到了女供养人的一面，纽约市艺术博物馆（即纽约大都会美术博物馆），得到了男供养人的一面。[①]

纽约大都会美术博物馆买回的这部分群像，被定名为"皇帝礼佛图"。奈尔逊博物馆买回的这部分群像，被定名为"供养皇后及其侍从"（插图84）。溥爱伦虽然记载了宾阳洞石雕被盗的情况，但他忽略了一个事实，即正是美国人和其他外国人在中国疯狂的文物搜集购买活动，才刺激了中国文物卖国贼们肆无忌惮地盗窃文物。

将龙门石窟宾阳洞北魏石雕运回奈尔逊博物馆，是华尔纳在导致中国文物外流方面的一大罪状，虽然他本人没有直接参与从石窟墙上将石雕像凿下的勾当。奈尔逊博物馆将残片运回美国后，花费了大量的时间进行拼接修复。华尔纳当然不承认，他们这一伙人的所作所为是在破坏中国文物。1940年，当他看到拼接修复后的浮雕群像照片时，给史克门写信说：

[①] A. Priest, *Chinese Sculpture in the Metropolitan Museum of Art*. 转引自王世襄《记美帝搜刮我国文物的七大中心》，《文物参考资料》1955年第7期，第48页。

268 | 华尔纳与中国文物

插图 84 纽约大都会美术博物馆藏龙门石窟浮雕"皇帝礼佛图"

如果我们因为买下这些残片而受到批判的话，那么我们在汇集拼接这些残片时所花费的爱、劳动和美元，都应该会使所有的批判销声匿迹。这项工作是对中国事业的一大贡献，比本国做过的任何贡献都大。[①]

华尔纳在30年代还参加了几次国际性的学术活动。首先值得一提的是，他于1935年底至1936年初将他拿到美国的一些敦煌美术品带到英国，参加"伦敦中国艺术国际展览会"。

英国人主办这次展览会的本意，是向英国国王乔治五世（King George V）献礼（插图85）。乔治五世于1910年5月6日登基，同年6月即封将敦煌文物带回伦敦的斯坦因为"印度帝国骑士"（C. I. E.），并在皇宫接见了斯坦因。1911年6月22日乔治五世加冕，1912年又封斯坦因为"印度帝国高级爵士"（K. C. I. E.）。斯坦因则在同年将他刚出版的第二次中亚考察游记《契丹沙漠废墟》进献乔治五世，颇受赞许。1924年6月，乔治五世特邀斯坦因参加白金汉宫皇家花园聚会[②]。1929年7月，乔治五世又邀请斯坦因参加白金汉宫皇家花园聚会，席间询问斯坦因第四次中亚考察的准

---

① Theodore Bowie (Ed.), *Langdon Warner through His Letters*, p. 147.
② 1924年6月英国掌玺大臣张伯伦勋爵奉英国国王乔治五世及王后之命特邀斯坦因于1924年6月25日赴白金汉宫参加花园聚会的邀请片，藏牛包图，斯坦因手稿第271号，第79张。

插图 85　英王国王乔治五世

备情况，并加以鼓励①。因此可以说，乔治五世是与敦煌文物颇有关联的一位英国国王。

1934年，英国一批著名的中国美术收藏家为了纪念乔治五世登基、加冕25周年，决定于1935—1936年间在伦敦举办一次大规模的国际中国艺术展览会，将近代以来散藏于世界各国的中国美术珍品汇集一堂，包括中亚、敦煌美术品，再伴以学术讲演活动，使之成为轰动世界的一次盛会。当时的中国驻英国大使郭泰祺，也认为这是一次让西方了解中国文化的好机会，于是积极向南京国民政府提出建议（插图86）。国民政府在征得故宫博物院院长马衡等和故宫博物院理事会的同意后，于1934年10月决定参加伦敦中国艺术国际展览会。1935年11月28日至1936年3月7日，伦敦中国艺术国际展览会在伦敦伯灵顿宫（Burlington House）的英国皇家艺术院（Royal Academy of Art）展出。

正当展览达到高潮时，乔治五世竟于1936年1月20日病逝，但他的去世并没有影响展览会。据说，这次展览的规模超过以往英国皇家艺术院举办的任何一次美术展览会，参观过展览的人数大约有42万人次②。根据1936年出版的

---

① 1929年7月25日斯坦因致阿伦夫人信，藏牛包图，斯坦因手稿第21号，第33张。
② F. St. G. Spendlove, "The International Exhibition of Chinese Art in Retrospect", *The Asiatic Review*, Vol. XXXII, Issue 110, April 1936, pp. 313-325.

插图 86　中国驻英大使郭泰祺

《中国展览会：1935年11月至1936年3月间在皇家艺术院举办的中国艺术国际展览会纪念目录》[1]统计，参展品共有3080件。其中786件来自中国，其余均来自各国的官私藏品，包括英国、法国、德国、瑞典、丹麦、荷兰、意大利、比利时、奥地利、苏联、美国、日本、土耳其、埃及、印度、朝鲜等18个国家和地区的大约240个机构。其中，包括美国哈佛大学福格艺术博物馆。

在所有展品中，出土于中国新疆、敦煌等中亚地区的美术品有大约100件，包括斯坦因搜集品、伯希和搜集品、格伦威德尔和勒考克搜集品、科兹洛夫搜集品、华尔纳搜集品等。华尔纳带到英国参展的福格艺术博物馆藏中亚、敦煌搜集品数量并不多，计有展品第673号"唐代木雕版印黑色麒麟织品残片"、第675号"唐代敦煌壁画菩萨像残片"、第676号"唐代敦煌壁画菩萨与天王像残片"、第679号"唐代敦煌佛教壁画残片"等。中国学者向达当时正在伦敦研究敦煌学，有机会参观了这次展览，并首次看到了华尔纳搜集品（插图87）。他后来在《坚决反对美帝勾结台湾蒋匪卖国集团掠夺我国在台文物》一文中回忆说：

---

① *The Chinese Exhibition: A Commemorative Catalogue of the International Exhibition of Chinese Art, Royal Academy of Arts, November 1935 - March 1936*, London: Faber and Faber Limited, 1936.

插图 87　北京大学教授向达

一九三五年，我在伦敦举行的中国艺术展览会上，看到了华尔讷诸人用上胶竹布粘去的敦煌壁画原赃。一九四二年冬，我在敦煌千佛洞又亲自凭吊了被华尔讷诸人所毁损的原来洞壁。对比之下，愤慨至极，曾在重庆大公报上发表一篇论敦煌千佛洞的文章，以为这种行为，简直是文化的罪人。①

在伦敦中国艺术国际展览会期间，还举办了25次与中国艺术有关的公开讲演，讲演者包括伯希和、矢代幸雄、华尔纳、高本汉（Bernhard Karlgren）、安特生（Johann. G. Andersson）、郑天锡等16人②。其中，华尔纳应邀于1936年1月3日在伯灵顿宫做了题为《中国雕塑入门》的讲演③，讲演稿后来由伦敦的印度学会收在《中国美术及其所受印度影响

---

① 向达《坚决反对美帝勾结台湾蒋匪卖国集团掠夺我国在台文物》，《文物参考资料》1955年第7期，第23—24页。
② 那志良《故宫四十年》，台北：台湾商务印书馆，1980年8月第二版，第73—75页；那志良《沪上寓公，伦敦艺展》，《传记文学》第37卷第3期，1980年9月号（总200号）。
③ 普拉默说华尔纳在伯灵顿宫做了两次讲演，见 James Marshall Plumer, "Langdon Warner, 1881-1955", *Ars Orientalis*, Vol. 2, 1957, p. 635；波威说法相同，见 Theodore Bowie (Ed.), *Langdon Warner through His Letters*, p. 148。但根据那志良《故宫四十年》第73—75页上列出的讲演目录，华尔纳只做了一次讲演。

研究》论文集中[①]。伦敦展览结束后，华尔纳在《美国艺术杂志》第 29 卷上以《伦敦的中国雕塑品》[②]为题，介绍了展品中的雕塑品。

1936 年 9 月，哈佛大学举办 300 周年校庆纪念会。当时世界各国著名机构的名流学者，纷纷前往祝贺讲演。其中包括法国的伯希和、中国的胡适等，胡适在会上讲演的题目为《中国的印度化》。华尔纳与伯希和、胡适等是旧识，自然莅会聆听。华尔纳当时给威廉·詹姆斯写的信中说：

> 我曾经担心每个人都会大谈历史并且吹大牛，但实际上并不是这样。甚至连科学家们都放弃了对过去的评论，哲学家们也戴上他们最远视的眼镜。中国哲学家胡适庄重并简练地谈论他的国家从印度转借来什么东西，在我看来是提供了一个看待历史、诠释现在的新方法。我只去听了胡适、姊崎正治和保罗·伯希和宣读的 3 篇论文。让我感到有趣的是，这位法国大才子说的全是废话，他是东方语言大师，擅长考据。但在上述 3 人当中，只有他根本提供不出来让人想要再读或回家咀嚼的

---

① Langdon Warner, "An Approach to Chinese Sculpture", *Studies in Chinese Art and Some Indian Influences*, London: India Society, 1937.
② Langdon Warner, "Chinese Sculpture at London", *American Magazine of Art*, Vol. 29, March 1936, pp. 156–175.

文章，而中国学者和日本学者则比他更好。[1]

华尔纳在 30 年代做的第三件大事，是在 1938 年出版他的第二次中国西北考察报告书，书名为《佛教壁画：万佛峡一个九世纪洞窟的研究》[2]，由设在坎布里奇镇的哈佛大学出版社出版，当时华尔纳署的职务是哈佛大学哈佛学院美术讲师、福格艺术博物馆东方美术部主任。该书题献为："谨怀着最热烈的感激之情，将此书献给该石窟的发现者奥莱尔·斯坦因爵士。"

华尔纳于 20 世纪 30 年代干的最大一件事，是于 1937 年至 1939 年间在旧金山筹备一次大规模的东方美术展览。1937 秋，旧金山世界博览会理事会邀请华尔纳组织一次东方美术展览，作为这次博览会的组成部分，定于 1939 年在旧金山珍宝岛（Treasure Island）举办。哈佛大学准许华尔纳为此目的请假两年，其间由密苏里州坎萨斯城威廉·洛克喜尔·奈尔逊美术馆（William Rockhill Nelson Gallery of Art in Kansas City）东方艺术部主任罗伦斯·史克门暂时代替他的工作。华

---

[1] 1936 年秋华尔纳致威廉·詹姆斯信，转引自 Theodore Bowie (Ed.), *Langdon Warner through His Letters*, p. 190。

[2] Langdon Warner, *Buddhist Wall-Paintings: a Study of a Ninth-Century Grotto at Wan Fo Hsia*, Cambridge, Massachusetts: Harvard University Press, 1938.

尔纳组织这次展览的思路，受他的师祖费诺罗萨提出的"太平洋盆地"理论影响，即将远东美术作为太平洋盆地美术的一部分看待。因此，他将展览会定名为"太平洋文化：太平洋盆地艺术展"（Pacific Cultures: The Art of the Pacific Basin）。

1938年春天，华尔纳为了租借展品，到东方各国旅行，主要在日本和东南亚活动。由于当时中国已进入抗日战争时期，已不可能从中国租借到文物。于是，中国美术品部分由欧美收藏的第一流藏品作为代表，主要来自美国波士顿美术博物馆、费城博物馆、奈尔逊美术馆、福格艺术博物馆等机构和英国的珀西瓦尔·大卫收藏品、乔治·尤莫佛普罗斯收藏品。华尔纳这次一共借得1551件展品，来自132个官私收藏机构，代表着构成所谓"太平洋文化"的35种文化。展品的半数以上，是远东美术品和东南亚美术品。其中有481件来自日本的50多个官私机构（包括日本及其占领的朝鲜和中国台湾），是这次展览会上最大的一批租借品。当时日美关系已经紧张，能从日本借得这么多的展品，全靠华尔纳和日本人的密切私人关系。所有展品的目录，也都由华尔纳编制。

1939年2月18日，由华尔纳组织的"太平洋盆地艺术展"，作为旧金山世界博览会的4个艺术展之一，在珍宝岛开展。展览圆满结束后，伯克利的加利福尼亚大学于1939年学位授予典礼日上，授予华尔纳名誉法学博士学位。

二十二 太平洋战争中的华尔纳

华尔纳早年曾留学日本，自然对日本文化情有独钟。但是，当日本军国主义势力在远东积极扩张、并对亚洲各国形成军事威胁的时候，华尔纳也曾对日本军国主义采取批评的态度，从1913年开始多次对日本威胁中国的行为表示过不满。在1941年珍珠港事件爆发之前，华尔纳已经意识到日本的对华侵略政策势必会导致美国与日本之间的冲突。由于他热爱日本文物古迹，也有很多日本的朋友，为了避免美国和日本直接冲突，曾试图利用他和美国总统罗斯福家族的亲密关系，从中起到一定的调停作用。

1941年秋，华尔纳曾向他的老朋友、耶鲁大学日裔教授朝河贯一提出过一个想法，即请第32任美国总统富兰克林·罗斯福直接呼吁日本昭和天皇，以避免战争（插图88、89）。从1941年11月16日到12月10日间，华尔纳与朝

插图 88　耶鲁大学日裔教授朝河贯一

二十二　太平洋战争中的华尔纳　| 281

插图 89　第 32 任美国总统富兰克林·罗斯福

河贯一就此问题互相写了很多信。华尔纳致朝河贯一的信现在还没有发现,但根据已经发现的朝河贯一致华尔纳信看,华尔纳曾请朝河贯一起草一份从措辞上讲最有可能被日本昭和天皇接受的罗斯福致天皇信草稿。后来,罗斯福总统真的以这封信为基础,给日本天皇写了一封信。根据在珍珠港事件前长年担任日本政府顾问的美国人弗里德里克·摩尔(Frederick Moore)在《与日本领导人周旋》一书中记载:

> 当美国各大报纸的标题已经充满着最浓的火药味的时候,大概在(1941年)11月26日之后的一两天,我的一个老朋友兰登·华尔纳与我联系。华尔纳的本职工作是搞艺术的,和政治风马牛不相及,他甚至也不住在华盛顿。可以这么说吧,他就和大街上的普通人没什么两样。当然,此人智商极高,活动能力很不一般。他长期以来对日本文化非常崇拜,对于那些没有教养的军人将这个国家带入灾难境地一事表示哀叹。战争对他来说就好像是喜怒无常的过家家游戏一样,他给我写信时是这样说的。他还询问我,是否认为由美国罗斯福总统给日本天皇直接写一封信可以起到什么作用。我起初的回答是:"不,我不认为会有什么效果。事态已经发展到太严重的地步。"但是,华尔纳是那种不许别人回答半个"不"字的人。他带着他的这个建议来华盛顿见参议

员艾尔伯特·托玛斯（Elbert Thomas），他发现托玛斯对这个建议的态度比我要好些。托玛斯参议员派人找我去他那里，说他认为我应该问一问日本驻美国大使野村吉三郎海军大将。我立即去见野村吉三郎大将，向他提出这个问题。让我感到吃惊的是，野村吉三郎大将竟然说，罗斯福总统的这个举动很可能会起作用。野村吉三郎大将现在感觉到是在捞救命稻草，甚至两国元首之间的通信现在也成了救命稻草。罗斯福总统得到汇报，同意这样做。于是，在12月5日星期五将这封信发出。只是太晚了。①

1941年12月7日（星期日），日本偷袭珍珠港，美国对日本宣战，华尔纳的和平梦破灭。

美日交战后，美国的一些博物馆为防止不测事件，关闭了日本美术品部。有关人员都纷纷参军，华尔纳也试图利用他的日语知识为美军效力。但他虽精通日本语，却不谙日本文字，加上年龄偏大，所以未被录用。但华尔纳通过其他途径为美国服务，譬如在美国广播电台上分析日本人的民族性格，批评当时美国流行的"一个美国佬可以揍扁五个小日本"的轻敌思想。但另一方面，他也反对美国政府将西海岸

---

① Frederick Moore, *With Japan's Leaders*, New York, 1942, pp. 173-174.

一带7万名日本侨民迁入美国内地的过激做法，并为这些内迁移民子女的教育问题多方奔走。战争中期，华尔纳在华盛顿的美军后勤部特种部队师临时任职。后来，美军要对军官进行培训，开设日本的语言、日本的近代历史和政治、日本的地理与气候等课程，华尔纳负责日本语言课程，直到1944年4月份。

1943年初，在美国各界都具有巨大影响力的哈佛大学校友们，成立了"保卫美国哈佛团体"（American Defense - Harvard Group），主席是华尔纳的上司、福格艺术博物馆副馆长盛克斯。该团体的主要宗旨，是保护与拯救全世界面临战争毁灭危险的古迹、博物馆、图书馆、档案馆、艺术品和其他人类文化遗产。稍后，该团体与美国学术团体委员会（American Council of Learned Societies）发起的一个类似组织合并，成立"美国保护与拯救战区艺术遗物和历史遗物委员会"（American Commission for the Protection and Salvage of Artistic and Historic Monuments in War Areas）。该委员会的主席为查史梯斯·欧文·罗伯兹（Justice Owen J. Roberts），故又简称为"罗伯兹委员会"（Roberts Commission）。

"罗伯兹委员会"的首要工作，是将需要保护的文物遗址编列成表，汇集有关资料，编写有关手册，绘制有关地图，然后将它们转交给军方，以便在制订作战计划时参考。

华尔纳被任命为负责中国、日本、朝鲜、暹罗地区的特别顾问。后来，华尔纳又加入盟军发起的"战后保护文物遗址、美术品和档案项目"，是远东地区专家小组的三位文职成员之一，主要负责编制日本文物古迹保护指南和保护地图，将不宜轰炸的文化名城（包括京都和奈良）在空军用地图上标明。

当然，华尔纳的本职工作仍旧是哈佛大学福格艺术博物馆的东方艺术部主任和东方艺术讲师。他在大战期间的工作虽然以战时任务为主，但也偶尔从事与艺术文物有关的工作。大战期间，美国大资本家格兰威尔·温斯洛普（Grenville Winthrop）死去，遗嘱规定将他搜集到的一大批东方美术品和西方美术品捐赠给哈佛大学，其中包括一件出自敦煌莫高窟藏经洞的北宋初十二头观音像绢画[1]（插图90）。华尔纳于1943年负责将这批艺术珍品从纽约市转运到哈佛大学，并在福格艺术博物馆负责监督对这批艺术品的编目、整理和展览。这批美术品使福格艺术博物馆一跃而成为美国研究东方美术的重镇之一。

---

[1] 关于这件敦煌绢画的情况，参见 Kristin A. Mortimer, *Harvard University Art Museums*, Cross River Press Ltd., 1986, No. 24；王冀青、莫洛索斯基《美国收藏的敦煌与中亚美术品》，《敦煌学辑刊》1990年第1期，第126页。

插图 90　美国东方美术品收藏家温斯洛普

二十三 华尔纳保护日本文物的"神话"

第二次世界大战即将结束时,美国总统富兰克林·罗斯福于 1945 年 4 月 12 日病逝,副总统杜鲁门(Harry S. Truman)继任为总统。7 月 26 日,中、美、英三国发表《促令日本投降的波茨坦公告》,遭到日本政府拒绝。随后,美国决定对日本进行大规模的轰炸,包括原子弹轰炸。美军在选定原子弹轰炸目标时,最初选定的是日本军事工业重镇京都,但后来考虑到京都是日本古都,历史遗迹和艺术宝藏众多,而且周围还有奈良等文化名城,于是又将京都从空袭轰炸的名单上删除。8 月 6 日,美军将第一颗原子弹投向广岛。8 月 9 日,美军又在长崎投下第二颗原子弹。8 月 15 日,日本正式宣布战败投降。

由于华尔纳在第二次世界大战后期担任的特殊角色,导致战后初期的日本人编造了一个"救星神话",认为华尔纳是京都、奈良等城市免遭美军原子弹轰炸破坏的"救星"。日本人的这种信念是何时形成的，又是如何形成的，难以考定。但一般认为，这是华尔纳的朋友矢代幸雄捏造出来的。矢代幸雄在太平洋战争期间一直坚持研究佛教艺术和敦煌美术，据他后来在《日本美术的恩人们》①一书中自供，他是这种说法的始作俑者。据他说，他曾从占领军教育部的一位高级官员那里了解到"罗伯兹委员会"，以及华尔纳在该委员会内扮演的角色，并将他听到的这些消息传播出去。结果，在1945年11月，日本一家报纸上发表了一篇文章，将拯救日本城市的所有功绩都推到了华尔纳的身上。尽管矢代幸雄后来也试图做进一步的解释，但已无济于事。从此以后，这种"救星神话"在日本逐渐传播开来，并一直被广泛接受。

华尔纳本人得知这一说法后，感到哭笑不得。他对矢代幸雄无中生有的传言感到很不满意，曾反复地特别声明：美军之所以未轰炸京都、奈良，并不是他的功绩；如果说真有人拯救了京都和奈良的话，那人应该是美国远东军总司令道格拉斯·麦克阿瑟（Douglas MacArthur）（插图91）。而矢代幸雄则认为，如果是麦克阿瑟决定不轰炸京都、奈良，那肯定是因为他采纳了文职顾问的好建议，而提出这种建议的

---

① 矢代幸雄『日本美術の恩人たち』，東京：新潮社，1961年。该书的英文书名直译为 The Friends of Japanese Art（《日本美术之友》）。

插图 91　美国远东军总司令麦克阿瑟

顾问只能是华尔纳。实际上，真正将京都从轰炸名单上删除的人既不是华尔纳，也不是麦克阿瑟，而是美国陆军部长史汀生[①]（插图92）。至于奈良，美国人从来没有将其列为轰炸目标。

美军占领日本后，华尔纳被任命为驻日美军总司令麦克阿瑟的高级技术顾问，负责艺术与文物古迹保护。1946年3月，华尔纳为此目的从美国来到日本东京（插图93）。但他的具体工作，实际上是在他的老朋友斯托特手下效力。由于"救星神话"的作用，他在日本时，到处都被当作英雄，受到隆重的欢迎。这使他感到很难堪，也很生气。美军报纸《星条旗报》（*Stars and Stripes*）记者曾采访过华尔纳，问他对"京都和奈良的恩人"这一称法有何感想。华尔纳只是笼统地说，有很多人在这件事情上起过作用，他只是其中的一员。华尔纳在日本时给秘书写的一封信中，提到过有关的情况：

> 一批又一批的人闯进办公室来，找乔治·斯托特谈话，或者找我谈话，一般情况下是找我们两个人谈

[①] Stimson and McGeorge Bundy, *On Active Service in Peace and War*, New York, 1947, 转引自 Theodore Bowie (Ed.), *Langdon Warner through His Letters*, p. 168.

二十三 华尔纳保护日本文物的"神话" | 291

插图 92 美国陆军部长史汀生

插图 93　在日本工作的华尔纳

话。每一个人都要谈好长时间，每一个人都要提起那个老掉牙的"救星神话"（连我现在都对这个神话坚信不疑了）。那个神话是：我一个人将京都和奈良从轰炸中拯救了出来。我的程式化答复套语是："那是政府的政策，由麦克阿瑟将军执行，任何文职人员个人都没有责任。"可是那些人总是要将一切事情都推到某个人的身上。[1]

华尔纳这次在日本逗留了大约半年时间，和斯托特一起负责战后日本文物保护工作。

斯托特战前是化学家，任哈佛大学福格艺术博物馆文物修复室主任，也是华尔纳剥离敦煌壁画时使用的那种方法的发明人。美国参战后，斯托特从军，战后先在欧洲任文物、艺术品、档案保护技术专家。后转往远东，以美国海军少校军衔负责日本和朝鲜的文物保护工作。他的手下人几乎全是哈佛大学福格艺术博物馆培养出来的人，包括罗伦斯·史克门、詹姆斯·普拉默等人，他们的职责是负责记录战争和军事占领给日本文物造成的破坏，防止进一步的破坏，并且确定掠夺文物赃物的收藏地点和安全情况。

---

[1] 1946 年某月日华尔纳致秘书信，转引自 Theodore Bowie (Ed.), *Langdon Warner through His Letters*, p. 170。

华尔纳在日本和朝鲜逗留了大约半年时间，领着一帮人到处调查。其间，他与梅原末治等日本著名考古学家合作，保护并修复了一大批日本官、私文物收藏品。1946年8月中旬，华尔纳离开日本回国。回国前夕，日本昭和天皇于1946年7月接见了华尔纳，一方面是对华尔纳在保护日本文物方面所做的工作表示嘉奖，另一方面是为了请华尔纳在美军处置属于皇室财产的帝室博物馆和正仓院藏品时加以关照。

1946年秋华尔纳从日本返回哈佛大学后，继续从事他的教学工作。1949年10月1日中华人民共和国成立后，挪威政治家、联合国秘书长特里格夫·列（Trygve Lie，1946—1953年在任）建议承认中华人民共和国，华尔纳对这种态度表示支持。1950年6月25日，朝鲜内战爆发，6月27日美国参战。从6月末到7月初，由美国操纵的联合国安理会就朝鲜问题吵吵闹闹，最后做出美国率领"联合国军"参加朝鲜战争的决议。随后，中国人民志愿军于10月25日入朝，开始抗美援朝战争。华尔纳于1950年夏天给友人威廉·詹姆斯写的信中说：

我们每天收听一次广播，每天中午收到当天的报纸。我们通过这些媒体完全知道令人沮丧的朝鲜战况，也听到卑鄙可耻的联合国吵骂声。特里格夫·列建议承认中国共产党政权，我发现我本人欢迎列的建议。我非常讨厌华盛顿那种心胸狭窄的小家子气，他们看待事物的态度很固执，不惜以牺牲全人类的价值为代价。①

种种迹象表明，华尔纳本人在中华人民共和国成立后对中国抱有比较公正的态度，这在当时的政治气候下是非常难得的。但是中国人民并不了解华尔纳的政治态度，此后也不会因此而原谅华尔纳过去从中国敦煌等地拿走文物的行为。

1950年，华尔纳从哈佛大学福格艺术博物馆退休。但校方允许他缓离一两年，使他得以在福格艺术博物馆的地下室办公室里整理档案、处理藏书。1950年和1951年，华尔纳先后在波士顿洛维尔研究所和檀香山艺术院（Honolulu Academy of Art）讲授"日本美术"一课。讲稿于1952年出版，书名为《日本的不朽美术》②，可以看作是华尔纳毕生研究日本美术的心血结晶。1951年4月5日，美国政府公布《对日和约》，该和约于1952年4月28日生效。为了庆祝美、日结束战争状态，日本政府于1952年决定次年在美国各地进行一次日本绘画与雕塑巡回展览。为了从日本各地国

---

① 1950年夏华尔纳致威廉·詹姆斯信，转引自 Theodore Bowie (Ed.), *Langdon Warner through His Letters*, pp. 199–200.
② Langdon Warner, *The Enduring Art of Japan*, 1952.

宝中挑选展品，美国方面成立了"日本绘画与雕塑展览品遴选美国委员会"（American Committee of Selection for the Exhibition of Japanese Painting and Sculpture），由华尔纳、弗利尔美术馆馆长阿其巴尔德·温莱（Archibald Wenley）、纽约大都会美术博物馆东方艺术部主任溥爱伦三人组成。日本也成立了一个相应的委员会，由华尔纳的老朋友矢代幸雄、细川护立等组成。展品首先由日本委员会挑选，然后由美国委员会确定。年逾七旬的华尔纳为此目的于1952年最后一次访日，共选出国宝级绘画品77件，雕塑品14件。但这次长途旅行损害了华尔纳的健康，1953年1月25日，当日本绘画雕塑展在美国国家画廊（National Gallery）正式开展时，华尔纳却因身体不适而被迫取消了原定在开幕式上发表讲演的计划。

1955年6月9日，华尔纳因病在坎布里奇镇去世，终年74岁。在他生命的最后几年，从1950年开始的抗美援朝战争，使中国全国各界到处声讨美帝国主义侵略朝鲜并阻挠中国政府解放台湾的行径。华尔纳、翟荫、溥爱伦、史克门等美国人过去在中国进行的文物劫掠老底，也被重新提起。华尔纳作为美国对华文物劫掠的"带头大哥"，在几乎所有声讨文章中，都被痛斥一番。如果套用一句中国人过去常用的话来讲，华尔纳确实是在中国人民的唾骂声中离开人世的。

二十四
关于华尔纳的评价问题

华尔纳去世后，如何对他"盖棺定论"，便成为学术界内外的一个问题。美国人曾出版、发表了一系列有关华尔纳的生平传记或研究论著，其中主要者包括：本杰明·罗兰德（Benjamin Rowland）在《哈佛亚洲研究杂志》1955年12月号上发表的《兰登·华尔纳（1881—1955）》[1]、普拉默在《亚洲美术》杂志1957年卷上发表的《兰登·华尔纳（1881—1955）》（附华尔纳发表论著全目）[2]、西奥多·波威于1966年

---

[1] Benjamin Rowland, "Langdon Warner, 1881-1955", *Harvard Journal of Asiatic Studies*, December, 1955.
[2] James Marshall Plumer, "Langdon Warner, 1881-1955", *Ars Orientalis*, Vol. 2, 1957, pp. 633-637.

出版的《通过信件看到的兰登·华尔纳》①、西奥多·波威为《美国传记辞典》撰写的《兰登·华尔纳（1881年8月1日—1955年6月9日）》②等。通观美国人写的这些传记，可以看出他们对华尔纳的评价完全是持褒扬态度的。譬如西奥多·波威说：

> 无论从什么意义上说，华尔纳都是一位开山鼻祖：他曾赴远东的偏远角落进行发掘，他开拓了一些以前从未被涉及过的研究领域，他最早在美国教授东方艺术史课程，他帮助至少4座美国博物馆建立了亚洲艺术部，他培养出了整整一代教师、管理员、专家和收集家。③

这基本上可以代表美国乃至整个欧美学术界对于华尔纳的评价。另外，美国人给华尔纳写的传记中，明显带有"为亲者讳"的倾向，不利于华尔纳的材料不用，不利于华尔纳的事

---

① Theodore Bowie (Ed.), *Langdon Warner through His Letters*, Bloomington / London: Indiana University Press, 1966, pp. xii + 225.
② Theodore Bowie, "Langdon Warner (Aug. 1, 1881–June 9, 1955)", *Dictionary of American Biography*, Supplement Five, 1951–1955, New York: Chales Scribner's Sons, 1977, pp. 729–730.
③ Theodore Bowie, "Langdon Warner", *Dictionary of American Biography*, Supplement Five, 1951–1955, New York: Charles Scribner's Sons, 1977, p. 730.

件不提。最权威的波威著《通过信件看到的兰登·华尔纳》一书，甚至连所引信件的日期都不愿意公布，使欲寻觅华尔纳在中国西北足迹的读者如坠入九霄云雾之中。

日本人在评价华尔纳时，主要考虑的是他对待日本文化的态度，以及第二次世界大战期间他曾在保护日本文物古迹方面担任的角色。日本人将华尔纳誉为日本文物的保护者，甚至曾拔高为京都、奈良等文化名城的"拯救者"。据说，早在1946年，当华尔纳还在日本东京任职期间，每天早上都有许多不留姓名的人，将一束束鲜花摆放在他的办公室门外[①]。

华尔纳死后，日本人在奈良法隆寺主院西丘上立起一座高五层的石质五轮塔（插图94）。这是日本人第一次为西洋人建塔，也是日本唯一的一座为西洋人建立的五轮塔。"华尔纳塔"与"铎岭塔"并列，后者是为了纪念日本近代佛教美术史家平子铎岭（插图95）。在"华尔纳塔"的右侧，立有一块石碑，碑上分别用英文和日文刻着"纪念兰登·华尔纳"（In Memory of Langdon Warner）和"华尔纳塔"的字样（插图96）。在"华尔纳塔"的右前方，还立有第二块石碑，正面刻有日文碑文，背面刻有英文碑文，叙述华尔纳"拯救

[①] James Marshall Plumer, "Langdon Warner, 1881–1955", *Ars Orientalis*, Vol. 2, 1957, p. 635.

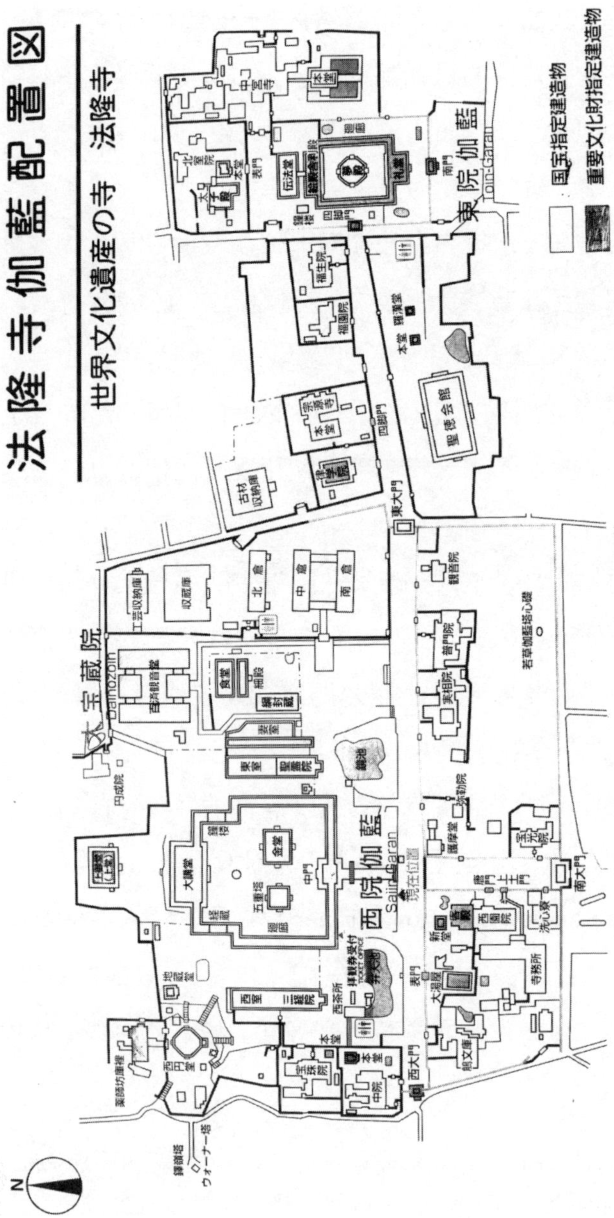

插图 94 世界文化遗产法隆寺指南，"华尔纳塔"位于西端的西丘上

二十四 关于华尔纳的评价问题 | 301

插图 95 "华尔纳塔"(左)和"铎岭塔"(右)

插图 96 "华尔纳塔"右侧的石碑

二十四 关于华尔纳的评价问题 | 303

插图 97 "华尔纳塔"右前方纪念碑的正面（日文）

304 | 华尔纳与中国文物

插图 98 "华尔纳塔"右前方纪念碑的背面(英文)

奈良"的神话（插图 97、98）。华尔纳去世 3 年后，奈良法隆寺法主于 1958 年 6 月 9 日为"华尔纳塔"揭幕。参加揭幕仪式的美籍人士有富田小次郎夫妇、罗伦斯·史克门、霍华德·霍里斯（Howard C. Hollis）、詹姆斯·普拉默等，普拉默发表了简短的颂词。

无独有偶，在附近的樱井村儿童公园里，也立着一件华尔纳纪念塔复制品。建塔资金首先来自一位贫苦工匠捐出的微薄积蓄和打杂工挣来的钱，随后引来大约 30 位村民的捐款。建塔的目的是"让下一代的孩子们缅怀这位美国学者，是他将京都和奈良从第二次世界大战的轰炸中拯救出来"[①]。这些事件都反映出华尔纳的"救星神话"曾长期在日本民间流行。华尔纳热爱日本文化，再加上他在第二次世界大战后期和战后确实为保护日本古迹文物出过力，所以日本人在战后一度绝望的心态下对他产生感谢之情，甚至夸大他的作用，这都是可以理解的，我们没有必要加以褒贬。

中国人民在评价华尔纳时，当然与日本人过分赞誉华尔纳的情形相反。可以说中国人民向来将华尔纳完全否定，并打入"强盗"之列。我们试翻检一下 20 世纪 50 年代出版的《文物参考资料》等杂志，以及此后中国出版的一系列敦煌学著作，便很容易找到一篇篇"控诉状"。同样一个人物，

---

① Theodore Bowie (Ed.), *Langdon Warner through His Letters*, p. v, p. 209.

却得到了截然不同的评价,这在历史人物研究领域是常有的事情,在中亚考察家的评价方面更是如此。但在华尔纳身上,却显得格外突出。面对如此不同的评价,西奥多·波威曾为华尔纳辩解说:

> 据闻,美国著名东方学家亚历山大·索波(Alexander Soper)曾说过:华尔纳在日本人心目中是圣徒,在中国人心目中是恶魔,其理由都是完全不真实的。日本人将华尔纳描述成保护神,中国共产党人将华尔纳说成是强盗,都不对。华尔纳为日本所做的事情,是使全世界了解并热爱日本的古代文化。华尔纳试图为中国所做的事情,是想唤醒她,使她能为自己的佛教文物感到崇高而自豪,是想帮助她将自己的佛教文物从无人管理、遭人盗窃、被人遗忘的状态中拯救出来。[1]

波威涉及中国的辩解词,显然是苍白无力的。所谓"华尔纳试图为中国所做的事情,是想唤醒她,使她能为自己的佛教文物感到崇高而自豪,是想帮助她将自己的佛教文物从无人管理、遭人盗窃、被人遗忘的状态中拯救出来",只不过是西方学术界老生常谈的一面之词。

---

[1] Theodore Bowie (Ed.), *Langdon Warner through His Letters*, p. v.

我们通过学习中亚考察史和中亚考古史，知道斯文·赫定、斯坦因、伯希和、格伦威德尔、勒考克、鄂登堡、华尔纳等大大小小数十位考察家，在将中国西北文物从原地移往西方时，都是以"拯救"这些文物为理由的。但历史已经证明，这种所谓"拯救"的结果反而促使了对中国文物更严重的破坏。中国人民之所以长期否定华尔纳，主要是因为他曾经直接或间接地参与过这种打着"拯救"的幌子将大量中国文物运走的活动，造成了中国文物外流的严重恶果。这一桩桩事实是无法否认的，因而中国人民咒骂华尔纳并非没有理由。但在所有的中亚考察家中，中国人民似乎显得更加痛恨华尔纳，大概也因为华尔纳长期被误认为是使用不良手段将敦煌壁画从墙壁上剥走的唯一外国人。

我认为，中国学术界今天在评价华尔纳时，首先应该坚持的基本原则还是对其加以谴责。华尔纳和其他所有在近代劫掠过中国文物的外国考察家一样，都是造成中国文物流失的魁首，都是剥夺中华民族拥有并享受本民族文物权利的罪人，他们实际上都是一丘之貉。文物凝聚着民族历史文化的魂魄，中华民族被公认为世界上最热爱自己文物、最珍惜自己历史的民族。只是到了社会发展落伍、学术凋敝的近代，才在列强侵略、敌强我弱的形势下丧权辱国，赔款割地，最终竟连自己的文物也无力保全，这真是中国历史上的奇耻大辱，也是中国学术界的奇耻大辱。随着中华人民共和国的逐渐强大，今天的中国有识之士也已经充分意识到：一个连本民族的文物都不能保护并拥有的民族，谈不上是一个强大的民族；一个国家的经济将来不论发达到什么地步，如果连自己祖先遗留下来的文物也得靠别人代为保管，那这个国家还是无异于丢魂落魄的空躯壳。我想，世界上任何一个国家或民族，都不会原谅那些将本国或本民族的文物肆意掘毁、席卷而去的外人，这一点绝不应等同于狭隘的民族主义。所以从道义上讲，作为中华民族精华的中国知识分子，对包括华尔纳在内的西方中亚考察家们劫掠中国西北文物的行径进行谴责，是义不容辞的责任。依鄙人愚见，即使充分承认了这些考察家在学术上的建树和在社会活动中的贡献，只要地球上还存在着国家和民族的区别，只要中国和中华民族没有消失，他们都将无法摆脱中国学者的谴责。中国学者对他们的谴责并不仅仅是针对他们个人，而更重要的是针对他们所代表的殖民主义或帝国主义的历史阶段和侵略势力。中国学者谴责他们的最终目的，是要争取到中华民族对流散到海外的本民族历史文物的所有权和保护权。只有各有关国家和机构承认了中华民族的这种权利，才有可能抚慰中国人民心灵深处的伤痛，才有可能缓解中国人民的不满情绪。

我们在满怀民族感情谴责包括华尔纳在内的所有西方考察家掠夺中国西北文物的行径时，对他们行为性质的评价基调应该是一致的。但是，我们同时也应该注意两个次要的问题。第一是在不改变对他们的评价基调的前提下，站在国际学术的高度对他们各自在科学上的建树以及在社会活动中的贡献充分加以肯定。第二是应该站在具体分析的角度，对他们之间的差别加以注意。现在，中国学者在评价各中亚考察家的时候，已经开始意识到这两点。对于斯文·赫定、斯坦因、伯希和、勒考克、格伦威德尔等大考察家在科学学术方面的贡献，已基本肯定，而且还根据他们对待中国人和中国文物的态度，对一些比较温和的人物（譬如最终与中国学者合作的斯文·赫定、反对勒考克无限制地剥移新疆文物的格伦威德尔等），与另一些比较顽固的人物（譬如拒绝与中国学者合作的斯坦因、漫骂中国学术界的安助斯等）有所区别。就华尔纳这个人而言，其人其行的本质和其他所有西方考察家是完全一致的，他对待中国人民的态度是傲慢无礼的，这些应该受到谴责。但华尔纳从中国拿走的文物无论从数量上讲，还是从质量上讲，都不如上述斯文·赫定、斯坦因等人，可以说是小巫见大巫。他最遭痛恨的劣迹，是剥离敦煌壁画，这也是承袭了伯希和、斯坦因等人的先例，这些也都应该指出来。华尔纳在学术上的贡献当然无法与上述斯文·赫定、斯坦因等人相提并论，终生只不过是哈佛大学的一个讲师。但他在美国首先开设亚洲佛教艺术的课程，对于西方人了解东方文化（包括中国文化）起了一定的作用。他在第二次世界大战期间也为保护亚洲文物（尤其是日本文物）做了许多工作，这些也是应该予以肯定的事情。

最后，我想再向读者说几句多余的话，作为这篇文稿的结尾。近现代西方各国的中亚考察家在回国后，往往都要撰写并出版自己的游记。无论是将它们当作文学作品看，还是将它们当作历史著作读，这些游记都是很有价值的，都必将作为人类文化史上的遗产永存下去。游记的生命应该建立在真实记录的基础上，但是也应该认识到，所有为出版而写的游记都主要是写给别人看的，由于各种主观的或客观的原因，其中必定会出现错误，会隐瞒许多作者不想让别人知道的事实。近代外国考察家在中国西北地区进行的中亚考察，尤其是考古学考察，都涉及中国科学资料和文物的外流等重大问题，有关考察家们在自己的游记中往往从自身的利益出发，或者隐瞒真相，或者歪曲事实，或者为自己的行为辩解。我通过十余年来将中亚考察游记与未刊档案资料相对照，已经深深地体会到这一点。更有甚者，几乎所有的游记都在不同程度上表现出对中华民族的误解和污蔑。华尔纳撰写的《在中国漫长的古道上》等著作当然也不例外。如果学者仅依据考察家们的游记来研究他们的活动，或者评价他们的行为，那可能会得出偏颇的结论。如果一般读者在阅读游记时不带着批判的眼光，而是完全被书中的情绪或观点所左右，则更容易误入歧途。近代的中亚考察运动的确为充实人类的知识宝库起过重要的作用，但同时中华民族又是这场运动的受害者。因此，中国的读者在阅读这类游记时，应该和西方读者怀着不同的态度。

1999 年 5 月草于兰州大学

2001 年 7 月附录发表

2024 年 12 月单行出版

附　录
美国收藏的敦煌与中亚艺术品

王冀青（中国兰州大学敦煌学研究室）

莫洛索斯基（美国华盛顿史密森学会赛克勒亚洲艺术博物馆）

【编者按】1986年至1987年，美国历史学者苏珊·伊丽莎白·莫洛索斯基（Ms. Susan Elizabeth Mrozowski）随兰州大学敦煌学研究室王冀青学习中亚美术史，并拟以调查研究美国各公私博物馆、图书馆、美术馆典藏的中亚文物为合作课题。1988年至1989年，莫洛索斯基任职于华盛顿市史密森学会新建的赛克勒亚洲艺术博物馆（The Sackler Gallery of Asian Art, Smithsonian Instisution），利用便利的工作条件，为这项课题寻访到部分有关资料，由王冀青撰写成该文。莫洛索斯基于1989年底转往美国西雅图华盛顿大学研究生院攻读学位。

本文的内容，涉及美国典藏的中国西部文物实物，侧重于甘肃、新疆出土的古代艺术品，尤其是敦煌艺术品。我们主要采取信访、亲访等形式，对有关收藏机构的有关藏品之类型、编号、定名、出土地点、来源、规格尺寸、保护、公布等方面的情况，进行了较详细的调查，迄今已取得较大收获。在此，我们先将迄今为止的结果公布于此，目的是向敦煌吐鲁番学、中亚学、中国学等学界进行汇报。我们的汇报拟以类型为序。

第一类 壁画（18方）

一、敦煌莫高窟壁画（10方）

这批敦煌壁画，现在全部收藏在哈佛大学福格艺术博物馆（The Harvard University Fogg Art Museum），皆系1923—1924年由兰登·华尔纳（Langdon Warner）率领的第一次福格中国考察队剥移至美国的。

（1）

编号：1924.40.1号，跪势侍从像。

尺寸：52.5×26.4厘米（不包括框架）；

73.5×48.3厘米（包括框架）。

内容：侍从单膝跪地，手持三宝（？），举至胸前。着绿色裙裾。

原属：莫高窟 329 窟（伯希和编 144 窟）北壁《弥勒经变》一部分。

断代：初唐。

保护：镶嵌并配有保护玻璃板，用酪蛋白固定，衬以日本纸。

公布：《佛教艺术》第 71 号和第 100 号等。

（2）

编号：1924.40.0000 号（屏框 12A 号），三人像。

尺寸：33×36 厘米。

内容：三人画像，其中一人在一比丘头上挥舞一把斧头，旁一着红色袈裟的人观望比丘。

原属：莫高窟 323 窟（伯希和编 140 窟）东壁门北佛教戒律画的一部分。

断代：盛唐。

保护：衬以日本丝绢，并配有框架。

公布：未发表。

（3）

编号：1924.41 号，八人乘舟渡佛像。

尺寸：50.8×94 厘米。

内容：八人乘船，护渡一佛像，佛像立于华盖之下，岸边还有六比丘。

原属：莫高窟323窟（伯希和编140窟）南壁中央佛教史迹画《西晋吴淞江石佛浮江》、《东晋杨都出金像》一部分。

断代：初唐（或盛唐）。

保护：有屏板保护，未安装玻璃。

公布：亚历山大·索波《中国早期佛教艺术的文献证据》（Alexander Soper, "Literary Evidence for Early Buddhist Art in China"），载《亚洲艺术》（Artibus Asiae）1953年第16卷第83页。

（4）

编号：1924.42号，菩萨像。

尺寸：34.7×21.3厘米（不包括框架）；73.5×53.4厘米（包括框架）。

内容：菩萨头部和双肩。肌肤暗红色。披巾青绿色。高发髻。

原属：莫高窟329窟（伯希和编144窟）北壁《弥勒经变》一部分。

断代：初唐。

保护：镶嵌并衬托，未配装玻璃。

公布：《佛教艺术》第71号和第100号等。

（5）

编号：1924.44号（屏框12B号），菩萨像。

尺寸：48×62.2厘米，形状不整齐。

内容：菩萨半身像，旁有一罗汉、数天王。

原属：莫高窟320窟（伯希和编139窟）南壁中央《阿弥陀经变》坐佛像左侧部分。

断代：盛唐。

保护：彩饰，配置玻璃，无框架。

公布：未发表。

（6）

编号：1924.43号（屏框12B号），菩萨胸像。

尺寸：37.8×29.2厘米（不包括框架，形状不规则，取最长、宽处）；

73.5×58.6厘米（包括框架）。

内容：菩萨胸像，头部向中央主尊方位侧转四分之三。有顶上圆光，发饰豪华。

原属：莫高窟320窟（伯希和编139窟）南壁中央《阿弥陀经变》部分。剥离前原状有华尔纳摄影存（树下说法图）。

断代：盛唐，公元8世纪中叶。

保护：配玻璃护层。

公布：《佛教艺术》第 71 号和第 100 号；摩铁梅儿《哈佛大学艺术博物馆》（Kristin A. Mortimer, *Harvard University Art Museums,* Cross River Press, Ltd.,1986），第 25 件。

（7）

编号：1924.46 号，三人像。

尺寸：37×43.5 厘米。

内容：三个供养人（？）像，左侧另有一头，有顶上圆光。其中一像双手交叉紧扣，有翼及椭圆形圆光。

原属：推测为莫高窟 335 窟（伯希和编 149 窟）。

断代：初唐。

保护：(缺。)

公布：未发表。

（8）

编号：1924.45 号，供养人像。

尺寸：18.4×14 厘米（画面）；

32.4×18.4 厘米（包括框架）。

内容：一供养人头与双肩。

原属：莫高窟 335 窟（伯希和编 149 窟）南壁。

断代：初唐。

保护：画面擦损严重。

公布：未发表。

（9）

编号：1924.47号，供养菩萨。

尺寸：47.3×46.7厘米；

73.7×74厘米（包括框架）。

内容：二、三个跪势供养菩萨。

原属：莫高窟335窟（伯希和编149窟）南壁。

断代：初唐或中唐。

保护：（缺。）

公布：《佛教艺术》第71号和第100号。

（10）

编号：1924.47a号，佛教人物。

尺寸：50.8×30.5厘米。

内容：佛教人物的头部和双肩。

原属：莫高窟321窟（伯希和编139A窟）北壁。

断代：唐。

保护：画面严重损失。

公布：未发表。

以上10方敦煌莫高窟壁画中，有2方原属329窟，2方原属323窟，2方原属320窟，2方原属335窟，1方原属331窟，1方原属321窟。其中5方尚未发表。

关于华尔纳剥走敦煌莫高窟壁画的数量，历来说法不一。1926年7月北京朴社出版的陈万里先生《西行日记》第89页记载道："前年华尔讷运去千佛洞画壁二十余方及佛像数尊"；1955年敦煌文物研究所所长常书鸿先生在《警告霍雷斯·杰尼和他的主子们》(《文物参考资料》1955年第8期) 一文注一中说："据不完全统计，1924年华尔纳在千佛洞用胶布粘去与毁损的初唐、盛唐石窟壁画，计敦煌文物研究所编号第320、321、323、329、331、335、372各窟壁画26方，共计三万二千零六平方公分，其中初唐画有汉武帝遣博望侯张骞使西域迎金佛等有关民族历史与中国佛教史等的重要故事内容的壁画多幅"；1980年伦敦约翰·姆莱出版社 (John Murray) 出版的彼得·霍普刻克 (Peter Hopkirk) 著《丝绸之路上的洋鬼子——寻找中国中亚的废城与宝藏》(*Foreign Devils on the Silk Road: The Search for the Lost Cities and Treasures of Chinese Central Asia*) 一书第221页上说："华尔纳在给家人信中，让他们别向资助者提及壁画之事，因为实验室能否将胶布从脆软的画面上分解开来，他一点把握都没有。(结果是，12幅壁画中，他们挽救了11幅。)"最后一种说法，接近我们的调查结果。

二、哈拉浩特（黑城）壁画（3方）

这批黑城壁画，也藏哈佛大学福格艺术博物馆，也是1923—1924年由兰登·华尔纳率领的第一次福格中国考察队的搜集品。

（1）

编号：1924.67.2号，佛教坐像。

尺寸：46.7×46.7厘米（不包括框架）；

54×54厘米（包括框架）。

内容：残片，佛坐莲花座上，右膀上着红、绿色袈裟。

断代：元朝。

保护：一部分已失落。修复后安装在衬板上。

（2）

编号：1924.67.1号，佛教坐像。

尺寸：45.7×37.5厘米（不包括框架）；

53.3×43.8厘米（包括框架）。

内容：残片，佛坐莲花座上，右膀上着红、绿色袈裟。

断代：元朝。

保护：一部分已失落。修复后安装在衬板上。

(3)

编号：1924.67.3 号，喇嘛教壁画观音菩萨与阿弥陀佛。

尺寸：45.1×33.7 厘米。

内容：观音菩萨胸部与左手，及阿弥陀佛宝冠像。阿弥陀佛有椭圆形背后双圆光，左肩倚莲花。背景朱色。双圆光用金粉勾勒，头光白色，体光绿色。

断代：元朝。

关于美国哈佛大学福格艺术博物馆收藏的 3 方哈拉浩特（黑城）壁画，中国国内未曾报道过，亦未发表过。

三、柏孜克里克千佛洞壁画（1 方）

这方新疆吐鲁番柏孜克里克千佛洞壁画，现藏密苏里州堪萨市奈尔逊-阿特金斯美术博物馆（The William Rockhill Nelson Gallery of Art and Mary Atkins Museum of Fine Arts）。它原是日本大谷光瑞第二次中亚考察队于 1908 年获自吐鲁番的，后由日本山中（Yamanaka）商社卖给该博物馆。

（1）

编号：43-17号（绘画－中亚），供养提婆像。

尺寸：44.5×34.9厘米。

内容：一提婆的头和胸部，有背后圆光。双手作膜拜状。头戴宝珠，发式精美。有项饰和臂饰。轮廓用细黑线勾勒而成，设绿、橙、黄、米及深浅不同的朱色。该壁画残片呈中原风格。

断代：公元8—9世纪。

公布：《奈尔逊－阿特金斯博物院手册》（Nelson-Atkins Handbook），第2册，第129页。

四、克孜儿千佛洞壁画（4方）

美国收藏的4方克孜儿千佛洞壁画中，有3方现藏密苏里州堪萨斯市奈尔逊－阿特金斯美术博物馆（下列第1—3件）。这3方克孜儿壁画，原系德国探险家勒考克（A. von Le Coq）从克孜儿千佛洞剥离后带回柏林的，后经卢芹斋（C. T. Loo）辗转卖给该博物馆。另一方（下列第4件）现藏华盛顿市史密森学会赛克勒亚洲艺术博物馆（The Arthur M. Sackler Gallery of Asian Art, Smithsonian Institution）。这幅壁画也应是1905—1907年、1913—1914年的后两次皇家普鲁士鲁番考察队所获物，后被卖给美国。

（1）

编号：43-23／1号（绘画－中亚），比丘头像。

尺寸：18.6×15.1厘米。

内容：比丘侧面头像残片。背景青蓝色，面部褐色，鼻梁上用白粉点出高光，颈部有白色线。呈印度－伊朗风格。

断代：公元600—650年左右。

公布：未发表。

（2）

编号：49-23／2号（绘画－中亚），缠头巾男像。

尺寸：23.2×20.3厘米。

内容：男人面部。暗褐及灰色，侧面，鹰钩鼻，小窄眼。缠多褶头巾，戴大圆耳环，着宽领花外衣。右手上举，持两朵花。轮廓线用朱色勾勒，设青、淡绿、褐、灰、粉色。呈印度－伊朗风格。

断代：公元600—650年。

公布：未发表。

（3）

编号：49-23／3号（绘画－中亚），四人像面部。

尺寸：21.6×45.6 厘米。

内容：一排 4 个人像的脸部。左起第 2 人眉梢紧锁，面颊和下巴上布满皱纹。其余人头戴珠宝带，发式精美。圆脸、直鼻。面部由明暗不同的橙色渲染。其他设色为：天青石色、淡绿色。线条用朱色勾出。呈印度 – 伊朗风格。

原属：克孜儿千佛洞摩耶窟（第三址）。

断代：公元 600—650 年。

公布：1957 年 1 月 8 日至 2 月 17 日展示于洛杉矶县立博物馆的"唐代艺术特展"，编目为 1 号；上野アキ（Aki Uyeno）《克孜儿第三区摩耶窟壁画说法图》（Preaching Scene Murals of the Cave of Maya, the 3rd area, Kizil, Part I），《冯·勒考克搜集的中亚壁画研究》（A Study of Central Asian Murals Collected by A. von Le Coq, Part II），载 1980 年 2 月《美术研究》（*Bijutsu Kenkyu*），第 312 期。

（4）

编号：S87.0265 号，伎乐女坐像。

尺寸：38.2×36.2厘米。

内容：伎乐女正在弹奏琵琶。身着宽松外衣，头戴宝冠，耳戴耳环。构图的右部分有几处山岩般景象，暗示这部分是风景画，但整个拱形画面由人像充斥。估计这是某一大幅壁画中围绕佛菩萨弹奏的一组伎乐女之一。

断代：唐朝，公元7—8世纪。

公布：托玛斯·劳顿等《赛克勒博物馆的亚洲美术品》（Thomas Lawton, Shen Fu, Glenn D. Lowry, Ann Yonemura, Milo C. Beach, *Asian Art in the Arthur M. Sackler Gallery*），第187件，1987年史密森学会出版。

在上述4方克孜儿壁画中，第4件（即现藏赛克勒亚洲艺术博物馆者）呈明显的中原风格，所以现在有人对它的来源发生怀疑。也可能这是一件出自库木吐拉千佛洞等地的壁画，被误当做克孜儿壁画出售给美国。

第二类　雕塑（14件）

一、敦煌莫高窟彩塑（2件）

这两件敦煌彩塑，现藏哈佛大学福格艺术博物馆，系1923—1924年由兰登·华尔纳率领的第一次福格中国考察队的搜集品。

（1）

编号：1924.70 号，跪势供养菩萨像。

尺寸：高 121.9 厘米。

内容：菩萨作供养膜拜姿式。一膝跪地，双手在胸前交叉紧握。彩绘，生泥。像座部分，除莲花瓣外，为近代所塑。断块编为 1924.70.1 号。

原属：莫高窟 328 窟（伯希和编 143 窟）西壁斜顶敞口龛外南侧台。北侧台上的供养菩萨现仍存于莫高窟。

断代：初唐，公元 7 世纪左右。

保护：置于玻璃罩柜之内。

公布：1955 年第 7 期《文物参考资料》图版十七等。

（2）

编号：1924.54 号，天人像。

尺寸：24.4×12 厘米。

内容：模制天人像。泥质，有彩绘痕迹。双腿断裂，有圆光。

原属：莫高窟 257 窟（伯希和编 110 窟）中心塔柱

某侧。

断代：北魏。

公布：发表于《福格通讯》（*Fogg Bulletin*）第 4 卷。

这两件敦煌彩塑中，第一件供养菩萨像，被认为是华尔纳搜集到的最重要的一件艺术品，也是福格艺术博物馆的镇馆之宝；第二件天人像则不太被人注意。

二、泾川王母宫石窟石雕（7 件）

这 7 件王母宫石窟石雕，现藏哈佛大学福格艺术博物馆，系 1923—1924 年由兰登·华尔纳率领的第一次福格中国考察队的搜集品。中国国内对这批石雕未曾报道过。

（1）

编号：1924.56 号，石像。

尺寸：高 68.7 厘米。

内容：直立石雕像下半段。佩着串珠装饰、打结披巾、百褶裙裾等，有彩绘彩迹。

原属：王母宫象洞。

断代：六朝。

（2）

编号：1924.58 号，佛头像。

尺寸：高 31.5 厘米。

内容：鼻和双耳破损。口、眼眉、眼睑部位有创伤。双眼以下风化严重，双眼以上光滑。发与顶上肉髻光滑。颈部和头背有孔。石质。

原属：王母宫象洞。

断代：六朝或唐朝。

（3）

编号：1924.57 号，佛头像。

尺寸：22.8×15.2 厘米。

内容：砂岩石雕。鼻部破损，右侧已风化。发呈松树皮状（螺髻）。头背有孔，用以安置背后圆光。

原属：王母宫象洞。

断代：唐朝。

（4）

编号：1924.60 号，佛头像。

尺寸：24.8×19.3 厘米。

内容：石雕。双耳、鼻、颊与左眼破损。扁平螺髻，头背平滑，顶上肉髻已脱落。底部有孔。

原属：王母宫象洞。

断代：唐朝，公元 8 世纪左右。

（5）

编号：1924.59 号，佛头像。

尺寸：高 35.6 厘米。

内容：砂岩雕佛头。发与顶上肉髻呈蜗牛壳般（螺髻）。鼻、右耳、右眼、左耳垂破损，底部有洞。头背有孔，用以安置背后圆光。

原属：王母宫象洞。

断代：北齐。

（6）

编号：1924.61 号，佛头像。

尺寸：（缺。）

内容：石雕像。右耳、鼻破损，双眼有损痕。严重风化。螺髻。头背有孔，用以安置背后圆光。颈部有近人凿孔。

原属：王母宫象洞。

断代：六朝或唐。

（7）

编号：1924.62 号，佛头像。

尺寸：高 32.5 厘米。

内容：石雕像。头背、双耳垂、鼻部破损。眉部、眼睑、颏部有损痕。发、顶上肉髻呈松树皮状。

原属：王母宫象洞。

断代：唐朝。

上述 7 件石雕，都来自王母宫石窟象洞。王母宫石窟位于甘肃泾川县西 1 里处，在汭河与泾河交汇处的宫山脚下。只有一个大窟，西人谓之象洞。陈万里先生《西行日记》第 34 页注明了这名称的**来源**："有石象及浅雕石刻绝美，同行者遂名此洞为象洞。"

三、哈拉浩特（黑城）泥塑（1 件）

现藏哈佛大学福格艺术博物馆。系 1925 年第二次福格中国考察队所获。

（1）

编号：1924.65.1 号，佛教泥塑。

尺寸：（缺。）

内容：生泥塑成，彩绘。双手、头、双脚残缺。

断代：元朝。

四、焉耆舒尔楚克泥塑（3 件）

现藏密苏里州堪萨斯市奈尔逊－阿特金斯博物馆。系罗伦斯·史克门（Larry Sickman）在北京购得。史克门早年毕业于哈佛大学，与华尔纳是旧交。1930 年，新建立的奈尔逊博物馆在华尔纳推荐下，任命史克门为东方艺术部主任。同时，他兼获哈佛－燕京学社奖学金，来北京深造（1930—1934 年）。其间，华尔纳于 1932 年来北京，帮助史克门从古董商处为奈尔逊博物馆收购藏品。除龙门、天龙山石雕外，史克门还从北京的古董商库库罗诺夫（Mi Kukuronoff）处买得这 3 件焉耆舒尔楚克泥塑。

（1）

编号：33-1538 号（雕塑－中亚），婆罗门头像。

尺寸：高 9.5 厘米（不含底座）。

内容：四分之三侧面，有卷曲髭须。灰泥。

断代：公元 7—8 世纪。

（2）

编号：33-1539 号（雕塑－中亚），佛头像。

尺寸：高 10.8 厘米（不含底座）。

内容：佛头。有圆型顶上肉髻，发呈波状。双眸微闭，嘴小而撅，脸呈心形。灰泥。

断代： 公元 7—8 世纪。

（3）

编号： 33-1540 号（雕塑 - 中亚），提婆头像。

尺寸： 高 13.3 厘米（不含底座）。

内容： 圆脸提婆头像。高髻大发，上戴环状饰物和宝冠，宝冠中塑宝珠，并饰以花卉图案。灰泥。

断代： 公元 7—8 世纪。

舒尔楚克遗址，东北距焉耆城 40 里，是本世纪初欧、日考察家重点考察的地点之一。至于这 3 件泥塑，为哪一国哪一支考察队所获，现在还未调查清楚。

五、吐鲁番高昌故城檀香木雕（1 件）

这件木雕品，现藏密苏里州堪萨斯市奈尔逊 - 阿特金斯博物馆。系罗伦斯·史克门于本世纪 40 年代从印度、尼泊尔一带购得。

（1）

编号： 44-18（雕塑 - 中亚），折迭神龛（八菩萨曼荼罗)。

尺寸: 31.7×35.6 厘米。

内容: 檀香木高浮雕折叠神龛。中央: 阿弥陀佛, 有菩萨侍随; 右: 地藏、除盖障 (Sarva-ni-varaṇa-viṣkambhin)、文殊、金刚力士; 左: 弥勒、普贤、观世音、虚空藏 (Ākāśa-garbha)。有飞天及膜拜神像。侧板雕3部分: 燃灯佛、弥勒佛, 在他们之下为四天王和金刚力士的两变身。最初彩绘。主尊顶上华盖与镀金背景为后世所加。有藏语文题记: byan chub sems dpah。

断代: 公元 8 世纪。

公布: 卡特《中国艺术四千年》(D. Carter, *4,000 Years of China's Art*), 1948 年纽约版, 第 112 页; 华尔纳《佛教壁画》(Langdon Warner, *Buddhist Wall Paintings*), 1938 年坎布里奇版, 图版 16—17; 等等。

这件木雕的来源不明, 但影响甚广, 至少公布于 13 种论著中。

第三类 绢画(2幅)

一、敦煌绢画(2幅)

这两幅敦煌绢画,皆出自藏经洞。第1幅现藏华盛顿史密森学会弗利尔美术馆(Freer Gallery of Art, Smithsonian Institution),第2幅现藏哈佛大学联合艺术博物馆(Harvard University Art Museums)。其来源现还未查明。

(1)

编号:30.36号,水月观音。

尺寸:107.1×59.1厘米。

内容:彩墨挂轴绢画。绢画下部题记可辨释,纪年如下:"于时乾德六年(开宝元年)岁次戊辰五月癸午朔十五日丁酉题记",相当于公元968年6月13日。中为观音坐像,右手上举,持柳枝,左手持净瓶。有圆形背后圆光和顶上光环,头饰上画一小阿弥陀佛。稍下画两供养菩萨,左上角题记:"雨花大悲救苦水月观音菩萨"。绢画下方四分之一处,以三条线相隔,线下为4个供养人像及题记。

原属:莫高窟藏经洞(17窟)。

断代： 宋初，公元 968 年 6 月 13 日。

公布： 托玛斯·劳顿《中国人物画》（Thomas Lawton, *Chinese Figure Painting*），佛利尔美术馆 1973 年出版，第 16 件。劳顿书中对该画来自敦煌这一点不敢肯定。实际上，这幅画系 1902 年敦煌县令汪宗翰从王圆箓道士处所索要的敦煌藏经洞文物之一。1904 年 8 月，汪宗翰将这幅绢画赠送给甘肃学台叶昌炽。叶氏著《缘督庐日记》光绪三十年甲辰八月二十二日下，有关于该画最初、最详细的记录。这幅画后归南林蒋氏收藏。王国维《观堂集林》卷二十《曹夫人绘观音菩萨像跋》，实际上就是对这幅画的跋文和首次研究。至于这幅画如何流落到美国弗利尔美术馆，我们仍不十分清楚，待查。

（2）

编号： 1943.57.14 号，十二头观音。

尺寸： 高 97.3 厘米。

内容： 菩萨立在莲花座上，十二头六臂。下方四分之一处，以线相隔，下部为供养人像和供养人题记。

原属：莫高窟藏经洞（17窟）。

断代：北宋初年。

公布：摩铁梅儿《哈佛大学艺术博物馆》（Kristin A. Mortimer, *Harvard University Art Museums,* Cross River Press Ltd., 1986），第24件。

上述第2幅，是温斯罗普（Grenville L. Winthrop）捐赠给哈佛大学的，但进一步来源不明。

第四类　写本（22卷）

一、敦煌汉文写本（22卷）

美国收藏的敦煌写本，最不易调查，也是我们调查中的薄弱点。以往，美国学者或中国港、台学者公布的数目十五六件，且无任何细节。据我们这次调查，美国至少有22卷敦煌汉本写本。但除了哈佛大学福格艺术博物馆藏的2件外，其余者都有待于进一步调查细节。福格的这两卷敦煌写本详情如下。

（1）

编号：1924.71号，佛经。

尺寸：23.2×612.1厘米。

内容：《般若波罗蜜多经》第三十五品。纸质墨书。

末尾有题记。裱以蓝色绢。

断代：隋朝。

来源：1925 年第二次福格中国考察队购自途中。

（2）

编号：1924.72 号，佛经。

尺寸：26.7×198.1 厘米。

内容：《妙法莲华经》一部分。纸质墨书。

断代：公元 800 年左右。

来源：1923 年至 1924 年第一次福格中国考察队购自途中。

这是哈佛大学收藏的 2 卷。其余 20 卷的收藏情况如下：国会图书馆（Library of Congress）收藏 9 卷；芝加哥大学远东图书馆（The Far Eastern Library, University of Chicago）收藏 3 卷；纽约大都市艺术博物馆（The Metropolitan Museum of Art, New York）收藏 3 卷；普林斯顿大学图书馆（Princeton University Library）收藏 3 卷；芝加哥自然史博物馆（Chicago Natural History Museum）收藏 1 卷；哥伦比亚大学图书馆（Columbia University Library）收藏 1 卷。

二、附记：新疆写本

据埃默瑞克（R. E. Emmerick）著《和阗语文书的历史价值》（"The Historical Importance of the Khotanese Manuscripts", *Prolegomena to the Sources on the History of Pre-Islamic Central Asia,* Edited by J. Harmatta, pp. 167-177, Akademiai Kiado, Budapest, 1979）一文透露，美国国会图书馆曾收藏有"克楼斯拜搜集品"（Crosby fragments），而且现在这批搜集品仍有可能在美国。

美国探险家奥斯卡·太雷·克楼斯拜（Oscar Terry Crosby）于1903年6月1日由英国启程，经俄国前往中国西藏、新疆，考察了喀什、叶尔羌、和阗、普鲁、阿克赛钦、喀拉喀什河源等地，后经拉达克列城回国。他在和阗时，曾获得一批当地出土古写本。1905年，克楼斯拜的考察游记《西藏和新疆》（*Tibet and Turkestan*）出版。该书第60页以下记载道，他将这批和阗出土古写本存放于美国华盛顿国会图书馆。但长期以来，无人注意此事。

1968年6月11日，乔安那·威廉姆斯夫人（Mrs. Joanna Williams）致埃默瑞克信中提到此事。埃默瑞克遂立即写信给国会图书馆，询问克楼斯拜存放物的情况。该馆1968年8月20日回信中答称，克楼斯拜存放物已于1953年4月由克氏女儿兼遗产继承人色莱斯特·克楼斯拜·米勒太太（Mrs. Celeste Crosby Miller）和朱里叶特·克楼斯拜·霍恩布楼太太

（Mrs. Juliette Crosby Hornblow）从书库中提走，其中包括"一叠子写本残片"。埃默瑞克又向国会图书馆写信，询问克氏这两位女儿的住址。该馆东方部副主任于 1968 年 10 月 2 日回信，通知说只查到米勒太太于 1960 年登记的在首都华盛顿的地址。埃默瑞克遂按地址给米勒太太写了一封信，询问和阗文书下落事。数日后，标明"收信人去世"的原信退回。

埃默瑞克又写信给美国司法部联邦调查局，请求查找霍恩布楼太太。1968 年 10 月 9 日，该局局长胡佛（J. E. Hoover）回信，婉言拒绝。1968 年 12 月 22 日，埃默瑞克收到他的一位学生的贺圣诞卡，上面说国会图书馆的人在纽约市电话号码簿上查到了霍恩布楼太太的地址。埃默瑞克又按地址去了一封信，但这时霍恩布楼太太已病入膏肓，不久便去世。1969 年 2 月 24 日，她的儿子约翰·霍恩布楼博士（John T. Hornblow, M. D.）给埃默瑞克回信，表明不知和阗文物的下落，如一旦发现，他立即奉献给学界。但到埃默瑞克文章发表时（1979 年），仍无任何关于这批文物的消息。此后十余年来，我们也没听说过美国有重新发现"克楼斯拜搜集品"之事。这成了一个谜。

1968 年，埃默瑞克在美国加利福尼亚大学伯克莱分校演讲时，曾有人告诉他：一周前，有两个青年在那里想出售装在一个小提箱中的一批和阗语文书。据称，这些文书是他们的祖父在中亚旅行时发现的。这两个小伙子没有留下姓名，没有留下地址，没有卖掉文书，此后也再没有露过面。这批文物与"克楼斯拜搜集品"是否有关系？现流落何方？这又是一个谜。

此外，美国还有一些中亚探险家（如亨廷顿[Ellsworth Huntington]等）的搜集品，详情待查。

第五类　其他（2件）

这两件杂文物，均出土于哈拉浩特（黑城）遗址，现都收藏在哈佛大学格艺术博物馆。均系1923—1924年兰登·华尔纳率领的第一次格福中国考察队所获。

（1）

编号：1924.63号，鸟兽葡萄铜镜。

尺寸：直径16.8厘米，厚1.4厘米。

内容：镜背中央为穿孔突出物，周围以两层同心圈。内圈：葡萄藤中的2只凤凰与4只动物；外圈：葡萄枝和鸟。

断代：唐朝。

（2）

编号：1924.69.1号，空心琉璃瓦当。

尺寸：23.8×24.8 厘米。

内容：着绿釉空心瓦当。正面为龙头，反面为 3 颗火珠。琉璃正碎裂。

断代：宋、明之际。

以上，我们分了五大类，将我们对美国收藏的敦煌与中亚艺术品的调查结果，做了简略的汇报。我们相信，美国收藏的敦煌与中亚艺术品绝不止这些。我们的调查，难免挂一漏万。为此，我们将继续努力调查，不断扩大我们的视野，相信将会有更多的发现。同时我们希望，中、美各界人士给我们的工作以更多的支持与帮助！

原载《敦煌学辑刊》1990 年第 1 期，第 116—128 页。